O MELHOR DE ROBERTO MENESCAL

Melodias e cifras originais para
guitarra, violão e teclados

Produzido por Luciano Alves

Nº Cat. - 269-A

Irmãos Vitale S/A Indústria e Comércio
E-mail: irmaos@vitale.com.br
Rua França Pinto, 42   Vila Mariana   São Paulo   SP
CEP: 04016-000 Tel: 011 574 7001 Fax: 011 574 7388

© Copyright 2000 by Irmãos Vitale S.A. Ind. e Com. – São Paulo – Brasil.
Todos os direitos autorais reservados para todos os países. *All rights reserved.*

Dados Internacionais de Catalogação na Publicação (CIP)
(Câmara Brasileira do Livro, SP, Brasil)

Menescal, Roberto
    O Melhor de Roberto Menescal / coordenação de Luciano Alves.
São Paulo: Irmãos Vitale, 1999.

    1. Guitarra - Música 2. Teclado - Música 3. Violão - Música
I. Alves, Luciano. II. Título.

99-1861   CDD - 787.87.786

Índices para catálogo sistemático:
1. Guitarra: Melodias e cifras: Música   787.87
2. Teclado: Melodias e cifras: Música   786
3. Violão: Melodias e cifras: Música   787.87

Agradecimentos

A Marcelo Faustini, Carlos Alberto (Toca do Vinícius), Heloisa Tapajós e Paulo Coelho

Créditos

Produção geral e editoração de partituras *Luciano Alves*

Texto biográfico *Solange Kafuri e Felipe Kfuri*

Planejamento visual *Ana Maria Santos Peixoto*

Transcrição das músicas *Flávio Mendes*

Entrada de notas *Rogério Borda*

Revisão musical *Roberto Menescal, Flávio Mendes e Claudio Hodnik*

Revisão de texto *Maria Elizabete Santos Peixoto*

Fotografias *Antonio Trindade (p. 3), Frederico Mendes (p. 11), Muniz (Black Star) (p. 13a), Chico Pereira (p. 14 e 16b), Claude Nandrin (p. 17a), Paulo Ricardo (p. 19b), Cristina Granato (p. 21b), Marcelo Faustini (p. 22b - gentilmente cedida), Guga Melgar (p. 22c), Revista Caras (p. 25b e 26 - gentilmente cedidas) e Agência JB (p. 28)*

Foto de capa *Frederico Mendes*

Capa *Ristow e Kupermann*

Produção executiva *Fernando Vitale*

Índice

Prefácio	7
Introdução	8
Texto biográfico	11
Discografia	29

Músicas

Copacabana de sempre (Roberto Menescal e Ronaldo Bôscoli)	33
O barquinho (Roberto Menescal e Ronaldo Bôscoli)	36
Telefone (Roberto Menescal e Ronaldo Bôscoli)	38
Rio (Roberto Menescal e Ronaldo Bôscoli)	40
Vagamente (Roberto Menescal e Ronaldo Bôscoli)	42
Ah! Se eu pudesse (Roberto Menescal e Ronaldo Bôscoli)	44
Tetê (Roberto Menescal e Ronaldo Bôscoli)	46
Bye bye Brasil (Roberto Menescal e Chico Buarque)	48
Dançar com você (Roberto Menescal e Paulo César Feital)	52
Benção bossa-nova (Roberto Menescal, Carlos Lyra e Paulo César Pinheiro)	54
Fuji samba (Roberto Menescal)	57
A volta (Roberto Menescal e Ronaldo Bôscoli)	60
O Brasil precisa balançar (Roberto Menescal e Paulo César Pinheiro)	62
Você (Roberto Menescal e Ronaldo Bôscoli)	64
Nós e o mar (Roberto Menescal e Ronaldo Bôscoli)	66
A morte de um deus de sal (Roberto Menescal e Ronaldo Bôscoli)	68
Nara (Roberto Menescal e Joyce)	70
Japa (Roberto Menescal e Paulo César Feital)	72
Vai de vez (Roberto Menescal e Lula Freire)	74

Rio que vai, Rio que vem (Roberto Menescal e Paulo César Feital)	76
Além da imaginação (Roberto Menescal e Ronaldo Bôscoli)	78
Errinho à toa (Roberto Menescal e Ronaldo Bôscoli)	80
Alquimista (Roberto Menescal e Paulo César Feital)	82
Balansamba (Roberto Menescal e Ronaldo Bôscoli)	84
Abraço vazio (Roberto Menescal e J. C. Costa Netto)	86
Novas bossas (Roberto Menescal e Paulo César Feital)	89
Se eu pudesse dizer que te amei (Roberto Menescal e Paulo César Feital)	92
Nas quebradas da vida (Roberto Menescal e Paulo César Feital)	95
Eu e a música (Tá oquei) (Roberto Menescal e Aldir Blanc)	98
Saudades de você (Roberto Menescal e Nara Leão)	101
Se pelo menos (você fosse minha) (Paulinho Tapajós e Roberto Menescal)	104
Brida (Roberto Menescal e J. C. Costa Netto)	106
Amanhecendo (Roberto Menescal e Lula Freire)	108
Revolução (Roberto Menescal e Paulo César Feital)	110

Agradeço muito o convite e as condições que Fernando Vitale e Denise Borges me deram para realizar essa compilação de algumas de minhas músicas, com meus parceiros queridos. Graças ao empenho de profissionais como Luciano Alves e Flávio Mendes na elaboração das partituras, para que as mesmas, juntamente com as letras, traduzissem corretamente minhas canções junto aos meus parceiros, e Solange Kafuri que com sua dedicação e carinho levantou dados, fotos e elaborou textos para que o trabalho ficasse mais atraente.

Dedico esta obra ao meu parceiro mais constante, Ronaldo Bôscoli, que me deu a primeira oportunidade de fazermos uma música, o que era um dos meus maiores sonhos. Por causa do Ronaldo, até hoje 'o barquinho vai e a tardinha cai'.

Todas as músicas deste álbum são 'frutos de casos artísticos' que tive com os meus maravilhosos parceiros. Minhas músicas certamente não sobreviveriam tantos anos sem suas palavras.

A todos os meus parceiros, minha eterna gratidão.

Roberto Menescal

A parceria com Bôscoli

Prefácio

Melhor que falar de Menescal, é deixar que ele fale por si mesmo, em uma fábula que imaginei quando ele esteve no Oriente.

Menescal chegou ao Japão e deslumbrou a todos com o seu trabalho. Ficaram impressionados com o ritmo, a consistência, a capacidade de comunicar-se com gente que, mesmo sem entender a língua, deixava-se levar pela alma.

Um músico que acompanhava a excursão, perguntou a Menescal, depois de um apoteótico show no Sabat de Tóquio:

"Qual o segredo do seu trabalho? Como ele foi capaz de marcar uma etapa da música brasileira, e agora espalha-se — como o vento — em todas as direções do mundo?"
"Não há segredo algum" respondeu Menescal. "Apenas me dediquei a fazer aquilo que amo".
"Não é uma boa resposta".

Era a verdadeira resposta. Mas Menescal, com aquele ar eternamente maroto, percebeu que precisava dizer algo mais pomposo, de modo a deixar o músico satisfeito. Como estava no Japão, achou que devia contar algo com sabor budista.

"Está bem" - disse, dedilhando o seu violão. "Quando eu era jovem, adorava fazer pesca submarina. Numa das vezes que mergulhei, entendi que precisava cantar o sol, o sal, o sul, mas não sabia como. Então fui até uma praia deserta em Cabo Frio e jejuei por três dias. Depois desses três dias, encontrei os tons adequados e parei de dar importância ao lucro e ao sucesso que poderia advir de minha nova carreira".

"Mas não foi o suficiente. Continuei jejuando, e no final de mais dois dias, esqueci-me também dos elogios e das críticas. No final da semana, eu estava alguns quilos mais magro, e tinha neutralizado tudo o que poderia me distrair do meu objetivo. Recolhi-me então a um único pensamento: fazer uma música sobre o mar. A partir daí, uma coisa levou a outra. E aqui estamos no Japão, cantando, justamente porque — há muitos anos atrás — jejuei numa praia deserta em Cabo Frio".

O músico, fascinado com a mágica história, deixou Roberto Menescal em paz. Como todos nós sabemos, há algo de verdadeiro nesta história que Menescal inventou, e é justamente isso o que permite vibrar seus acordes pelo mundo.

Paulo Coelho

Introdução

Nesta publicação, o registro das letras, melodias e cifras foi desenvolvido a partir da execução do próprio autor que, inclusive, revisou extensivamente todas as músicas. Desta forma, este trabalho vem a ser uma fonte fiel de pesquisa sobre o repertório de Roberto Menescal.

Além das melodias cifradas, com as letras alinhadas abaixo, incluí, também, as letras cifradas com acordes para violão, o que torna esta publicação mais abrangente, tanto quanto facilita consideravelmente a compreensão e a tarefa de "tirar" a música.

Para a notação musical, adotei os seguintes critérios:

A cifragem é descritiva, ou seja, exibe a raiz do acorde e suas dissonâncias.

Nas partituras, as divisões rítmicas da harmonia são anotadas logo acima das cifras e, geralmente, correspondem às convenções utilizadas no arranjo de base das músicas. A simbologia adotada para a notação rítmica das cifras segue o padrão: "x" para notas pretas e losango para as brancas.

Quando há um ritornelo e a melodia da volta é diferente da primeira vez, as figuras aparecem ligeiramente menores e com hastes para baixo. Neste caso, a segunda letra é alinhada com as notas para baixo, como demonstra o exemplo a seguir.

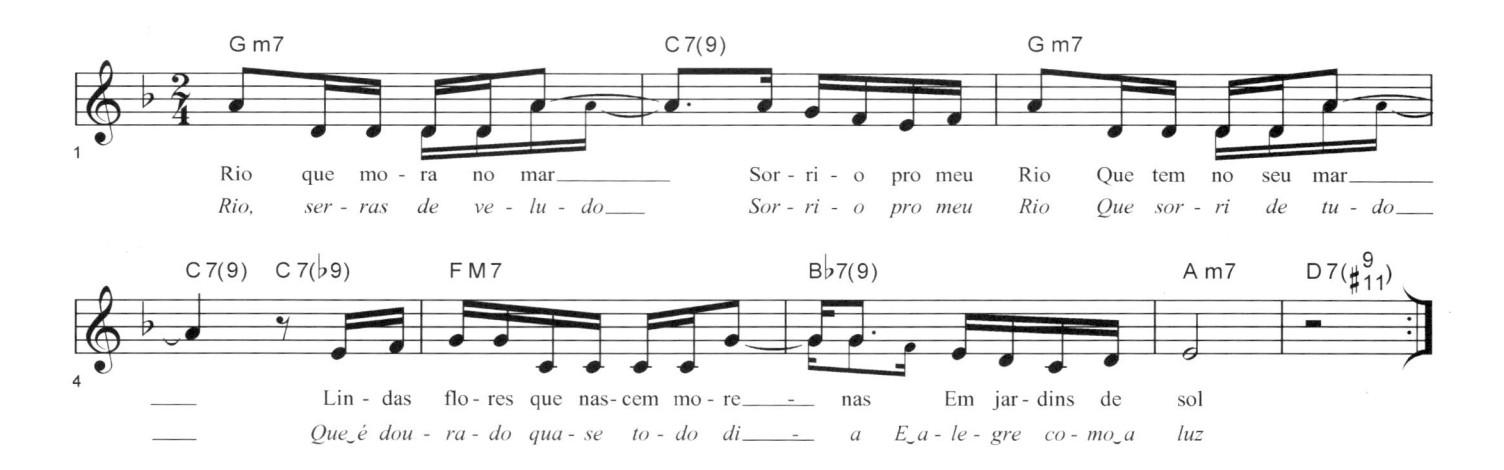

Nas letras cifradas, as cifras dos acordes estão aplicadas nos locais exatos onde devem ser percutidas ou cambiadas, como mostra o próximo exemplo. Esta forma é mais conveniente para aqueles que já conhecem a melodia ou para os que não lêem notas na pauta.

      Gm7   *C7(9)*
Rio que mora no mar

                Gm7
Sorrio pro meu Rio

          C7(9)
Que tem no seu mar

C7(b9)   *FM7*   *Bb7(9)*
Lindas flores que nascem more___nas

           Am7   *D7(9 #11)*
Em jardins de sol

Nos diagramas de acordes para violão, a ligadura corresponde à pestana; o "x", acima de uma corda, indica que a mesma não pode ser tocada; e o pequeno círculo refere-se à corda solta. Alguns diagramas possuem ligadura e "x". Neste caso, toca-se com pestana mas omite-se a corda com "x". As cordas a serem percutidas recebem bola preta ou pequeno círculo.

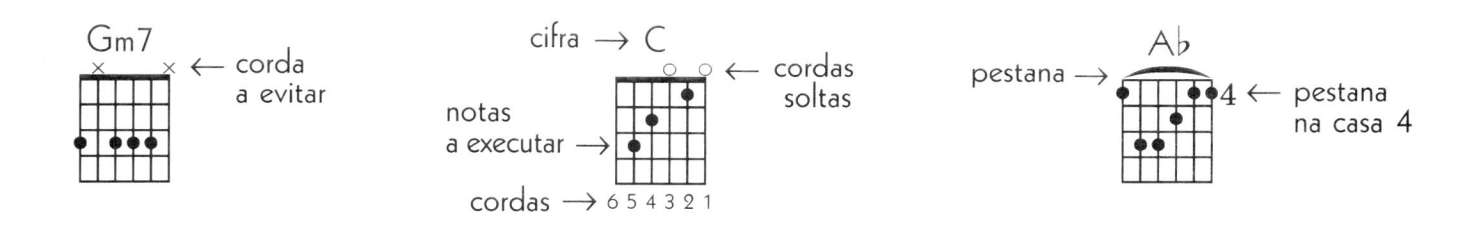

As posições de violão aqui anotadas são exatamente as executadas por Roberto Menescal. Assim, ao "tirar" as músicas deste *songbook*, o leitor terá a oportunidade de aprimorar seus conhecimentos na área de inversões de acordes para violão e de encadeamentos harmônicos, além de desfrutar da beleza de suas composições, verdadeiras obras primas que ocupam lugar de destaque no cenário da Música Popular Brasileira.

Luciano Alves

Roberto Menescal

Nascido em Vitória, Espírito Santo, em 25 de outubro de 1937; filho de pai cearense e mãe capixaba, Menescal foi 'batizado' por um funcionário dos Correios, pois ao nascer, sua mãe mandou, de Vitória, um telegrama para o marido que estava em Macau: "nasceu um menino robusto". O funcionário do telégrafo escreveu, em vez de robusto, roberto, ao que o pai respondeu: "Beijos no Roberto"[1].

Começou cedo na música. Com 11 anos de idade ganhou uma gaita de plástico e tocava alguma coisa de ouvido. Logo depois, mudou-se para Copacabana - Galeria Menescal (construída pelo tio) - onde passou a aprender piano com tia Irma. Sempre que tentava tirar a música de ouvido, recebia uma 'varetada' na mão; porém, em casa, longe da vigilância da tia, fugia dos clássicos tocando músicas americanas, por influência dos irmãos mais velhos e dos filmes da Metro. Aliás, assistir aos musicais da Metro era um programa imperdível. Menescal lembra do dia em que foi assistir a "Cantando na Chuva", com Nara Leão: "quando saímos do cinema estava chovendo, e foi a glória. Envolvidos pelo clima e pela música do filme, cantamos e dançamos pelas ruas de Copacabana como se fôssemos Gene Kelly e Debbie Reynolds. No dia seguinte, obviamente estávamos de cama, gripados."

Aos 15 anos, seguindo a febre da época, Menescal ganha um acordeão vindo diretamente da Argentina, mas seu entusiasmo por este instrumento só dura até os 17, quando, de férias em Vitória, ouve pela primeira vez o som do violão 'moderno', identificando-se de tal maneira que já no dia seguinte consegue um violão emprestado. Ao chegar no Rio, vai direto contar a Nara: "estou tocando violão!". Nara então lhe diz que seu pai também iria colocá-la para ter aulas particulares do instrumento. Nessa época, com 17 anos, Menescal passa a observar atentamente as aulas de Nara, esta com 14 para 15 anos.

Em 1956, aos dezoito anos, Menescal ainda não havia definido se seu futuro estava na arquitetura, na Marinha ou no violão. Depois de algumas aulas de violão com Edinho, do Trio Irakitan, começou a perceber que a música lhe falava ao coração de forma única e definitiva. Como os pais não aprovavam o caminho que se abria para o filho, acabaram por cortar-lhe a mesada. Anos depois, inclusive, o pai reuniu os outros três irmãos, arquitetos e engenheiros, e pediu: "Cuidem de seu irmão Roberto. Não deixem que ele passe necessidade". Cada vez que Menescal aparecia na televisão, o pai abria o jornal e se recusava a ver a vitória pessoal de seu filho 'diferente'.

Em 1956, Carlinhos Lyra tem a idéia de abrirem juntos uma academia de violão, proposta aceita de pronto por Menescal. O empreendimento logo frutificou, permitindo

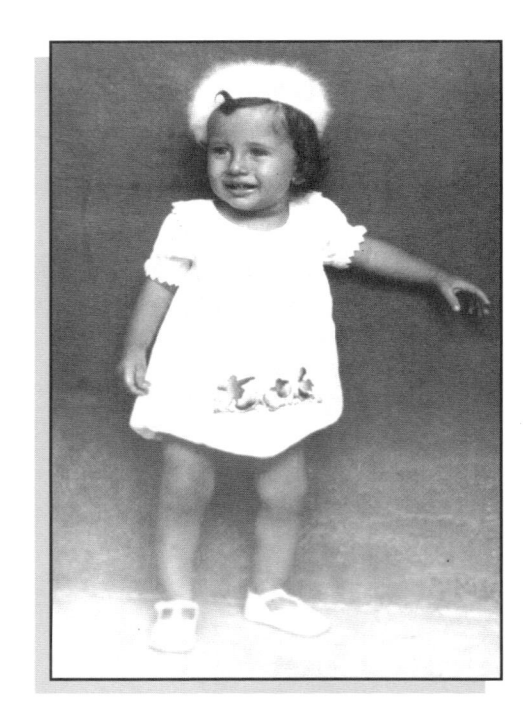

Roberto Menescal com 1 ano de idade

Menescal é grato pelo estímulo de Silvinha Telles

Nara Leão, Roberto Menescal, Bebeto e Dori Caymmi no famoso apartamento de Nara em Copacabana

Cartaz do show *A Noite do Amor do Sorriso e a Flor*

que Menescal se convencesse plenamente que poderia viver da música e terminando com qualquer esperança de seus pais quanto à arquitetura. Menescal então forma o seu conjuntinho de baile e em 57 começa a acompanhar Sylvinha Telles em excursões por todo o país, e aí já se sente um pouco profissional. De volta da excursão, Sylvinha lhe presta uma grande ajuda, ao viabilizar aulas de teoria, harmonia e violão com o maestro Moacyr Santos. Logo após veio o seu primeiro disco: "Bossa é Bossa", com o convite de André Midani (Odeon), um instrumental com quatro músicas. Depois disso, é gravado um disco com vários artistas, também Odeon, e é nesse momento que ocorre a cisão do grupo da Bossa Nova, em razão do Carlos Lyra ter recebido (e aceito) um convite da Philips (na ocasião, Cia. Brasileira de Discos) para fazer um disco solo. Com o seu conjunto, Menescal ainda acompanhou vários cantores e gravou dois discos na Elenco, "A Bossa Nova de Roberto Menescal e seu Conjunto" e "A Nova Bossa de Roberto Menescal".

Nessa mesma época, sempre como violonista, excursionou com Norma Bengell e, já em 62, realizou uma turnê pela Argentina, acompanhando Maysa que gravou um disco todo sobre Bossa Nova, chamado justamente "Barquinho", o primeiro produzido por ele. Menescal ainda resolve criar um conjunto de 'prestação de serviço', ou seja, apenas para acompanhar os cantores e gravar, sem maiores preocupações com solos ou trilhas. Com esse grupo, foi contratado ainda em 62, pela TV Rio, fazendo programas no estilo 'Noite de Gala', permanecendo dois anos no ar.

Bossa Nova

Não se sabe muito bem exatamente quando e como a Bossa Nova começou. Entretanto é possível identificar alguns dos primeiros momentos de sua formação, como as reuniões musicais na casa de Nara Leão. Levados por Menescal, Carlos Lyra, Ronaldo Bôscoli, Oscar Castro Neves e Chico Feitosa, entre outros, formaram um grupo que gostava das mesmas músicas e seguia as mesmas tendências. Ainda diletantes, ouviam muito Dick Farney e Lúcio Alves, assim como Tom Jobim e seu conjunto. O Jazz também teve uma influência determinante; todos haviam adotado a guitarra de Barney Kessel em "Cry me a river", cantado por Julie London, como uma espécie de bíblia musical. Lá estavam os acordes que tentavam repetir. "O Nat King Cole foi o primeiro 'bossa nova' que eu vi. Ele cantando bem suavemente o 'Unforgetable', enquanto os cantores da época soltavam aquele vozeirão do peito. Mas sabe porque cantávamos tão baixinho? Primeiro, porque naquela época apareceram os microfones, e segundo porque as paredes dos prédios de Copacabana eram muito finas e os vizinhos cutucavam a gente se fizéssemos muito barulho! A Leila Pinheiro que já veio de Belém do Pará e é de uma outra geração, já gravou bossa de um jeito mais solto, mais para cima, como acho que deve ser hoje. Só o João Gilberto pode ser assim tão intimista ainda hoje, como se era naquela época"[2].

Menescal, Tony Bennet e Chico Feitosa

Primeiro grupo musical: Menescal, Bebeto, Luiz Carlos Vinhas, João Mário, Henrique e Alaíde Costa

Numa pescaria com Bôscoli, seu parceiro mais constante

Como explica Menescal[3], "um jovem de 'boa família' não poderia tocar à noite num bar. Nós fomos para as faculdades e este foi o primeiro movimento musical intelectualizado. Não éramos aquele tipo boêmio, sempre bêbado e caído no fim da noite, gostávamos de praia e de esportes". E foi neste período, primeiro semestre de 1958, que se iniciou a utilização do termo 'Bossa Nova', quando alguém cuja identidade se desconhece escreveu no cartaz de um show que seria realizado no Grupo Universitário Hebraico do Brasil (uma associação estudantil no Flamengo), o seguinte: 'Sylvinha Telles e o grupo Bossa Nova'. Deste grupo, faziam parte Menescal, Carlos Lyra, Chico Feitosa, Ronaldo Bôscoli, Nara Leão e outros. A partir dali, o termo começou a ser usado pelo próprio grupo para definir a música que faziam. Alguns meses depois, Tom Jobim e Newton Mendonça compuseram "Desafinado", cujos antológicos versos "isto é Bossa Nova/isto é muito natural" ajudaram a consolidar a expressão.

Outro evento muito importante para o movimento, ocorrido em setembro de 1959, no teatro de arena da Faculdade de Arquitetura (pertencente a então Universidade do Brasil), foi o 1° Festival de Samba-Session, reunindo nomes como Tom Jobim, Sylvinha Telles, Alaíde Costa, Baden Powell, Carlos Lyra, Ronaldo Bôscoli, Oscar Castro Neves e seus irmãos, Nara, Menescal, Norma Benguell e vários outros. Cabe aqui observar que apesar da organização ter ficado por conta dos alunos da PUC, por ser esta uma universidade católica, a presença de Norma Benguell (vedete na época) inviabilizou a apresentação do grupo.

Sylvia Telles, Tom Jobim, Menescal e Marcos Valle

A partir desse show, a expressão 'samba moderno' foi definitivamente substituída por 'Bossa Nova'.

Já sobre a famosa 'batida diferente', Menescal revela o seguinte: "eu tinha uma batida de violão, o Carlinhos tinha a dele, o Oscar a sua e o Chico Feitosa outra, todas elas eram diferentes, e aí vem João Gilberto e todos nós nos aproximamos da batida dele, só não ficou igual porque a gente não conseguiu". E acrescenta: "nunca fui de me dedicar ao violão como instrumento, só como companheiro. A preocupação era de tirar a música e não só de fazê-la[4]". Eles haviam chegado para preencher um hiato na música brasileira: "esse negócio de dar ao povo o que ele quer é muito perigoso porque pode acontecer de você baixar o nível da música para que o povo assimile facilmente e começa a ficar preso naquilo e nada mais anda para frente. Na década de 60, nós tínhamos a intenção de fazer uma música que talvez fosse um pouco complexa, mas o público acompanhava bem. E a música ficava um pouquinho mais rica na melodia, na harmonia e na poesia, mas o povo continuava a acompanhar"[5].

Realmente era incontestável que a música brasileira havia mudado, e para muito melhor. O respeito com que os compositores e músicos brasileiros começaram a ser tratados no exterior era a prova do sucesso absoluto da Bossa Nova, que saiu das noites de Copacabana e Ipanema para as luzes internacionais[6]. E assim, a grande noite da vida deles havia chegado: no dia 21 de novembro de 1962, a Bossa Nova subiu ao palco do Carnegie Hall.

Agostinho dos Santos, Normando, Otávio Baily, Durval Ferreira e Roberto Menescal. A Bossa Nova a caminho do Carnegie Hall

Menescal e Herbie Man, ensinando o *Barquinho*

O conjunto de Elis Regina na Bélgica: Hermes Contesini, Jurandir Meireles, Roberto Menescal, Antônio Adolfo e Wilson das Neves

Prêmio 1961 da Rádio Jornal do Brasil

Tom Jobim, Vinícius de Moraes, Ronaldo Bôscoli, Roberto Menescal e Carlos Lyra, feras da Bossa Nova

"Fomos parar nos EUA nem sei como. Eu queria ficar aqui por causa de um campeonato de pescaria. Não sou muito chegado a viagens. Mas estava na casa do Tom quando o Sérgio Mendes chegou e começou-se a ensaiar. Eu não tinha nada o que fazer, não era cantor, tocava violão somente. Foi tudo improvisado".

Justamente em um evento dessas dimensões Menescal acaba realizando sua estréia e sua despedida como cantor ("O Barquinho", acompanhado pelo quarteto de Oscar Castro Neves): "tive que cantar para quatro mil pessoas, entre as quais Gerry Mulligan e vários músicos americanos. Foi uma mancha negra na minha carreira e na minha vida inteira". Apesar de sua péssima lembrança, a apresentação não foi tão desastrosa. Levando-se em conta que se trata de uma gravação ao vivo, é certo que ele saiu melhor do que alguns compositores que se julgam também cantores e gravam discos[7]. Também é importante deixar claro que, ao contrário do que se diz, o show foi um estrondoso sucesso, o Carnegie Hall estava lotado, e quando acabou o show eles foram contratados para tocar no Auditorium of Washington e no Village Gate, em Nova York, este último considerado a pátria do Jazz. Além disso a música brasileira ficou em primeiro lugar nas paradas de sucesso norte-americanas e se mostrou para o mundo.

Ao voltar dos Estados Unidos, Menescal entra no que ele denomina uma 'fase alternativa'. Logo casa-se com Yara e passa um mês em Cabo Frio, vivendo da pescaria e de gravações (como músico, começa a fazer arranjos). Grava com o flautista Herbie Man e outros, brasileiros e estrangeiros. Outros nomes começam a surgir, como Marcos Valle, Edu Lobo e Wanda Sá - que grava seu disco "Vagamente", produzido por Menescal, em 1964. Também foi esse o momento em que mais compunha com o Ronaldo, apesar de ter ocorrido uma 'diluição' da Bossa Nova, pois uma parte da turma permaneceu no exterior. E assim, Menescal deixa de pensar apenas na Bossa Nova para pensar em música no geral.

Prêmio 1963 da Rádio Jornal do Brasil

Outros caminhos

E assim, passada a fase áurea da Bossa Nova, Menescal estuda música com o maestro Guerra Peixe, vira arranjador e passa a escrever para orquestra. Só retorna aos palcos por volta de 1968, por insistência de Elis Regina, de quem se tornou arranjador e produtor, além de violonista. De Cannes, foram convidados para excursionar por toda a Europa, onde ainda gravaram um disco na Suécia com Toots Thielemans, "Elis e Toots". Daí, houve uma seqüência de discos e shows, no Brasil (Teatro da Praia, no Rio e Maria de la Costa, em São Paulo) e no exterior (show no Olympia, Paris, e disco na Inglaterra, "*Elis in London*").

Com o convite de André Midani, começa a trabalhar como produtor independente e arranjador na Polygram (ex Philips Polydor e atual Universal), no começo, conciliando o trabalho com os shows e sem obrigação de horário. Um ano após (1970), ao decidir se desvencilhar da trilha seguida por Elis, Midani o convida para ser diretor artístico da gravadora. Pela primeira vez na vida, Menescal passa a ter horário certo de trabalho. Este foi o momento mais fértil da música brasileira e Menescal participou ativamente dessa fase. Esteve presente na 'hora do pulo', em termos de vendagem, de artistas como Elis, Chico Buarque e Gal Costa.

Edu Lobo, Elis Regina e Menescal em Cannes, 1968

Nara e Roberto, amigos para sempre

Além disso, Menescal ainda reencontrou o sucesso nos anos 80 quando compôs, com Chico Buarque, "Bye bye Brasil", que serviu de trilha sonora para o filme homônimo de Cacá Diegues, com quem já havia trabalhado como autor da trilha sonora no filme "Joana francesa". "O avião tem sido uma coisa boa para mim. Os atrasos me favorecem nos projetos. Foi assim com a trilha de 'Bye bye Brasil', em 77, durante uma pane de 15 minutos num avião em Congonhas". Outro filme que teve músicas de Menescal foi "Vai trabalhar, vagabundo", de Hugo Carvana.

Permaneceu na gravadora até 1986, partindo, logo após, para novas atuações ao lado de Nara Leão, em apresentações no Brasil e no exterior. Depois de muita conversa e esforço, Nara convence Menescal a fazer um disco de violão e voz. "A Nara foi a primeira pessoa a me mostrar várias coisas que eu não conhecia, como o Jazz, por exemplo. Sua última missão foi me trazer de volta à música".

O disco foi para o Japão, e um produtor local passou a solicitar a ida do show para lá. Nara e o presidente da gravadora armaram umas 'férias' para Menescal, sem que ele soubesse e marcaram a viagem para o Japão – 12 shows em 15 dias, e mais uma proposta para fazer um disco nesse meio tempo (Garota de Ipanema, produzido por Menescal, foi o primeiro CD gravado por um artista brasileiro, no caso, Nara Leão). Ao retornar para o Brasil, o disco já estava divulgado aqui e começaram a surgir propostas de shows. Menescal foi levando os dois trabalhos, até que veio o convite de produzir uma cantora

Yara, Menescal, Fernando Sabino e Sérgio Cabral

japonesa. Vai novamente para o Japão e faz o disco em três dias, terminando antes do prazo, o que possibilitou que ficasse mais uns dias por lá sem nada a fazer, pela primeira vez em muitos anos. Essa experiência levou Menescal a tomar a decisão de sair da gravadora, um conselho que há muito tempo lhe era dado por seu grande amigo Paulo Coelho. "Sempre soube sair das coisas na hora certa, até de festa".

Carlos Lyra, Leila Pinheiro, Menescal e Marcos Valle, unidos pela Bossa Nova

Sua volta aos palcos não o impediu, entretanto, de levar adiante o conhecimento adquirido na gravadora, só que agora atuando de maneira independente, como na produção do consagrado projeto 'Aquarela Brasileira', gravado por Emílio Santiago, da série 'Personalidade', com mais de 2 milhões de cópias vendidas, e da série 'On the Road', com mais de 1 milhão de cópias. Hoje, Menescal é dono da Albatroz onde vem produzindo discos com Oswaldo Montenegro, Gilson Peranzeta, Emílio Santiago e brilha nos palcos de todo o mundo em turnês com seu show de Bossa Nova, ao lado de sua intérprete mais constante, Wanda Sá. O compositor ainda é um dos maiores colecionadores de bromélias no Brasil. "É da natureza que nasce o meu equilíbrio, preciso dela para enfrentar o público".

Com fãs no Japão

Japão

De todos os produtos que hoje o Brasil exporta para o Japão, a música popular talvez seja o mais consumido. Segundo Menescal, que está sempre em contato com produtores e empresários da indústria do disco de lá, existe uma semelhança de sons muito grande entre as duas línguas. "Acho que é isso que faz a nossa música ser bem aceita por lá", o que faz sentido, na medida em que todos os discos que produziu até hoje para o mercado japonês foram gravados em português. "Por outro lado, os japoneses, ao contrário dos norte-americanos, pedem para o músico tocar aquilo que gosta, eles amam o Brasil. O respeito e a admiração que nos dispensam é de uma emoção muito grande. Seu comportamento beira a humildade, chegam a tremer e choram nas suas tentativas de nos abraçar (coisa que não aprenderam ainda)". Menescal foi o produtor de uma série de discos lançados no Japão sob o selo "Zico Label" visando a divulgação da música brasileira naquele país.

Em agosto de 1997, em comemoração aos seus 40 anos, a Bossa Nova foi cantada por mais de 10 mil japoneses no show "Gets Bossa Nova" realizado ao ar livre em Tóquio, com a presença de Menescal, Wanda Sá, Carlos Lyra, Ivan Lins, Leila Pinheiro, Joyce, entre outros. Tanto sucesso culminou com o retorno no ano seguinte para mais shows e no lançamento no Japão do CD "Estrada Tóquio-Rio";

Menescal e Zico no Japão, amigos na música e no futebol

Menescal, Wanda Sá e Danilo Caymmi, amigos queridos

uma coletânea de sua obra, onde a cantora Wanda Sá, acompanhada pelo violão de Menescal e uma respeitada banda, eterniza alguns de seus clássicos com diferentes parceiros. "Este CD é uma retrospectiva da minha carreira, cantada e contada com muito humor e balanço", resume Menescal, um presente importado diretamente do Japão.

"Hoje eu tenho muito prazer em tocar e até acho que estou melhorando bastante. Já composição, tenho muita facilidade em fazer, mas me falta tempo. Estou curtindo demais essa fase; pela primeira vez eu estou vivendo cada dia, sem nenhuma preocupação com o futuro. O amanhã vai ser ótimo. Como projeto de vida, pretendo continuar tocando, compondo e produzindo, mas nesse caso com pessoas como os japoneses, que se deixam produzir. Fora tudo isso, ainda cuido de minhas bromélias, que são o equilíbrio da minha vida".

Os irmãos Menescal: Ricardo, Renato, Bruno e Roberto

Leila Pinheiro com o amigo Menescal

Com Oswaldo Montenegro, amigo e parceiro, durante uma gravação

Histórias de pessoas marcantes (...)

Menescal e Emílio Santiago recebendo o Disco de Ouro, pelas vendas de *Aquarelas Brasileiras*

João Gilberto

Em 1957, Menescal se encontrava em casa, comemorando as bodas de prata de seus pais, quando um rapaz desconhecido bateu-lhe à porta. Apresentou-se como João Gilberto e perguntou se ele não teria um violão para tocar, pois acabara de voltar da Bahia e precisava mostrar a alguém o que havia criado. Menescal, que já tinha ouvido falar de João, imediatamente levou-o para o seu quarto. João pegou o violão e mostrou suas composições que já continham a famosa batida diferente. Impressionado, Menescal saiu na mesma hora com ele para mostrar a novidade aos amigos. A primeira parada foi no apartamento de Bôscoli e Chico Feitosa, onde João, além de "Ô-ba-la-lá", mostrou "Bim-bom" e tocou vários sambas. Da rua Otaviano Hudson, foram para a casa de Nara, já em caravana, onde mais uma vez João encantou a todos com o seu jeito revolucionário de tocar violão, que libertava todos do samba quadrado que até então era o que de melhor se produzia na música brasileira[8].

Tom Jobim

"Sempre foi o meu guru. Eu queria conhecê-lo e não conseguia. Ia aos lugares mas ele não estava. Foi uma frustração que carreguei durante muito tempo. Um dia, veja você, Tom bateu na minha porta. Eu estava dando aula naquela academiazinha que tinha com o Carlinhos Lyra, e o Tom apareceu. Foi mais ou menos em 1958. Ele queria gravar a trilha do filme "Orfeu do Carnaval" e me procurou, dizendo ter sabido que eu tinha um estilo no violão como o do João Gilberto. "Você pode ir?"

Nem voltei para avisar ao aluno. Estava com o violão na mão e já saí com o Tom. "Como dizia Raul Seixas, é sempre preciso saber quem é o número um e quem não é. O Tom era o número um, eu e os outros éramos número dois".

Wanda Sá e Miele, amigos constantes com quem Menescal divide os palcos

Paulo Coelho

"Quando conheci o Raul Seixas, resolvi de cara contratá-lo. Ele ainda não era artista, mas mesmo assim achei que ele daria certo como produtor, como assistente, diretor ou artista. Foi um barato que deu certo, mas ao mesmo tempo tinha que administrar aquela loucura. E veio o Paulo Coelho, que tinha o papel de fazer as exigências frente à gravadora. Por isso, nós brigávamos muito. Quando o Raul deu uma surtada mais forte, ficamos nós dois. Porque não poderíamos trabalhar juntos? Paulo era muito objetivo nas coisas dele e sabia administrar a sua própria loucura. Eu o contratei para a parte de imprensa e para um departamento de criação. A gente ficou muito amigo. Aí, ele resolveu ir para a Inglaterra escrever. Ficou um ano por lá. Como achei que aquele período não tinha lhe servido para nada

Menescal e Wanda Sá, sua mais constante intérprete

Zé Keti, Cris Dellano, Menescal e Isabel Diegues, homenagem à Nara Leão no espetáculo *Nara - Uma Senhora Opinião*

de objetivo, pedi que retornasse para continuar o nosso trabalho. Ele me respondeu que só voltaria se eu e Yara fôssemos passar uns dias por lá. Fomos e foi muito bom. Ele voltou e continuamos a trabalhar juntos.

Um ano depois, ele mantinha a idéia fixa de ser um escritor, mas antes ainda dirigiu a gravadora CBS, mesmo não sabendo nada do ofício. Ele dizia que para se sonhar uma coisa e partir para a sua realização é necessário estar livre, desocupado e atento, senão a oportunidade passa e você não vê. Eu achava tudo aquilo uma loucura, mas ele parou tudo para escrever. Eu não imaginava que ele fosse fazer tanto sucesso, mas ele sim, dizia que queria ser um escritor de sucesso, e eu ria.

Ronaldo Bôscoli

Em seu livro Eles e Eu, Bôscoli revela o seguinte sobre Menescal: "Nossa primeira parceria foi a pior vergonha do mundo, deu tudo errado: errei na letra, ele errou na música. A peça chama-se Jura de pombo: o pombo apaixonado chegava atrasado ao encontro, porque em vez de vir voando, veio passeando. Fiquei meio desanimado e triste, mas resolvi continuar investindo no Menescal. E estranhamente, nossa segunda música já foi linda, Tetê, inspirada num caso de amor fracassado do Menescal.

Menescal e Yara com os netos Ana Cecília, João Pedro e Mateus

Das músicas que fizemos, uma das mais bonitas é "A volta". Mas outras também o são: "Você"; "Ah, se eu pudesse"; "Nós e o mar". Aos poucos nossa parceria foi se afinando, enriquecida pelo fato de sermos pessoas tão diferentes. Nossas afinidades eram relativas: gostávamos de praia e música. Mas da noite, festas e bebidas só eu gostava. Quando eu e Candinho (excelente violonista, casado com Sylvia Telles) íamos passear no barco do Menescal, ele avisava:

— No meu barco não entra bebida nenhuma. E pouco cigarro.

Dava uma de escoteiro. Mas não adiantava: a gente fumava e bebia à beça; Candinho era muito mais boêmio do que eu e levava, escondida em garrafa térmica, a bebida, dizendo que era guaraná".

Menescal e Yara com o neto Pedro

(...) e de suas músicas

"Tenho uma ternura muito grande por "Tetê", por que aí descobri que podia fazer música. Quanto ao "Barquinho", sou muito grato por ter me lançado. Ela me persegue o tempo todo, porque é a música que o pessoal mais se lembra. Mas até hoje não sei a letra inteira".

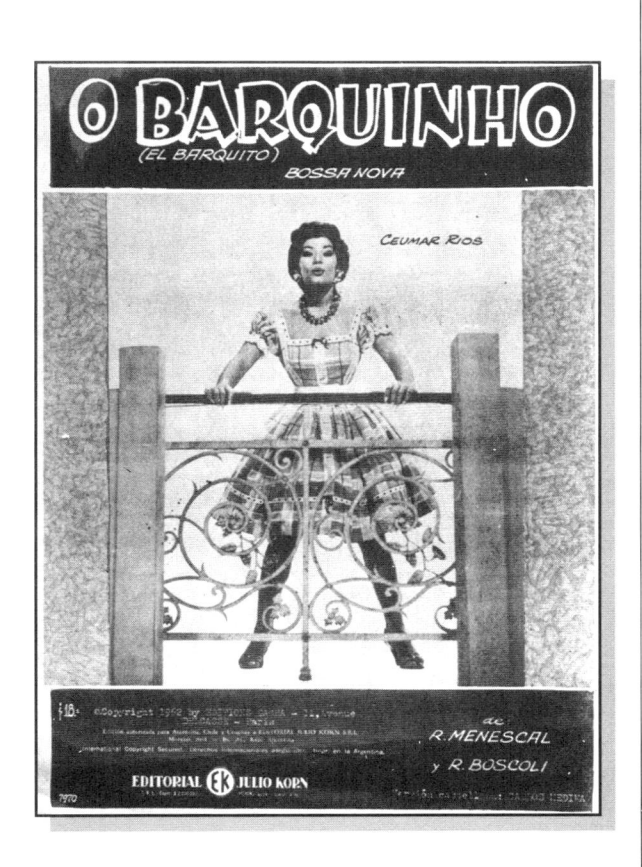

O barquinho

Foi no ambiente praieiro de Cabo Frio que ele nasceu, um samba paisagístico que levou para o mar a bossa nova do amor, do sorriso e da flor. Na vida real, 'O barquinho' era o Thiago III, uma traineira com motor a gasolina e capacidade para dez passageiros, que Menescal alugava para transportar sua turma aos locais de pescaria. Era dirigida pelo barqueiro Ceci, um tipo meio bronco que jamais acreditou serem seus passageiros "artistas de rádio"[9].

Numa dessas saídas, estavam Ronaldo, Nara, Bebeto, Luizinho, Menescal e mais algumas pessoas. O barco enguiçou e o pessoal ficou muito apavorado, porque naquele local, já para fora da Ilha do Cabo, a profundidade era grande e a âncora não alcançava o fundo. Quatro horas mais tarde e o barco foi indo embora". Menescal começa, de brincadeira a cantarolar uma melodia provinda do toc-toc-toc do motor tentando pegar. "Alguém começou a brincar também dizendo — O barquinho vai, a tardinha cai, o barquinho vai...". O barco foi rebocado por outro que vinha de Abrólhos e todos foram salvos. No dia seguinte, já no Rio, Bôscoli pergunta: "Como era aquele negócio que você estava cantarolando mesmo?" Daí surgiu a música, que rapidamente deslizou para os primeiros lugares das paradas musicais.

Capa da partitura do *Barquinho*, lançado na Argentina

"A contribuição de Roberto Batalha Menescal para a música popular brasileira é tão intensa quanto decisiva. Desde a academia de violão que criou com Carlos Lyra, não parou de produzir, seja como violonista, como compositor, como líder de conjunto ou como produtor de discos. Poucos profissionais da música tiveram, no Brasil, uma atuação tão rica e variada.

A própria personalidade de Menescal está contida no seu violão, no seu modo de executar, na sua produção musical, sendo mais imaginativo no equilíbrio de suas notas".[10]

"Existe um fenômeno que se repete a cada fim de século e um ciclo sempre termina para iniciar outro. Atualmente, estamos vivendo esse final de ciclo. Por isso precisamos passar a limpo tudo o que se fez. Vamos pegar o que aconteceu de bom e refazê-lo para a gente virar o século com essa memória atualizada. É claro que a criatividade, que havia até em excesso numa certa época, está em baixa. E os acontecimentos isolados são poucos em comparação ao número de pessoas que atuam na área de criação. Mas é fundamental fazer um exame de consciência do século que está acabando".[11]

Notas
[1] Entrevista ao jornal O Globo, 16/02/1995.
[2] Entrevista ao jornal Tribuna da Imprensa (BIS), 23/11/1998.
[3] FREITAS, Lula. Bossa Nova. História, som e imagem. Rio de Janeiro, Spala, 1995.
[4] Especial Rádio Jornal do Brasil.
[5] Jornal O Globo, 19/12/1998.
[6] FREITAS, Lula. Bossa Nova. História, som e imagem. Rio de Janeiro, Spala, 1995.
[7] CABRAL, Sérgio. Antônio Carlos Jobim. Rio de Janeiro, Lumiar, 1997.
[8] FREITAS, Lula. Bossa Nova. História, som e imagem. Rio de Janeiro, Spala, 1995.
[9] FREITAS, Lula. Bossa Nova. História, som e imagem. Rio de Janeiro, Spala, 1995 e SEVERIANO, Jairo & MELLO, Zuza Homem de. A Canção do Tempo, 85 anos de músicas brasileiras, vol. 2. Rio de Janeiro, Editora 34, 1997.
[10] Jornal Correio da Manhã, 28/10/1962
[11] Entrevista ao jornal Gazeta, (Vida) 16/06/1997

Discografia

BOSSA É BOSSA
Odeon – 1959/1960

Meditação
(Antônio Carlos Jobim e Nilton Mendonça)
Não faz assim
(Oscar Castro Neves e Ronaldo Bôscoli)
Minha saudade
(João Donato e João Gilberto)
Céu e mar
(Johny Alf)

SAMBA SESSION – Lúcio Alves, Silvia Telles e Roberto Menescal e seu conjunto
Elenco – 1964

Baiãozinho
(Eumir Deodato)
Ela é carioca
(Antônio Carlos Jobim e Vinícius de Moraes)
Vivo sonhando
(Antônio Carlos Jobim)
Amanhecendo
(Roberto Menescal e Lula Freire)
Ainda mais lindo
(Marcos Valle e Paulo Sérgio Valle)
Cinco por oito
(Hugo Marotta)
Telefone
(Roberto Menescal e Ronaldo Bôscoli)
Definitivamente
(Edu Lobo)
Moça da praia
(Roberto Menescal e Lula Freire)
Tempinho bom
(Eumir Deodato)
Primavera
(Carlos Lyra e Vinícius de Moraes)
Este seu olhar
(Antônio Carlos Jobim)

BOSSA NOVA - Roberto Menescal e seu conjunto
Imperial

Corcovado
(Antônio Carlos Jobim)
Garota de Ipanema
(Antônio Carlos Jobim e Vinícius de Moraes)
Quem quiser encontrar o amor
(Carlos Lyra e Geraldo Vandré)
Menina feia
(Oscar Castro Neves e Luvercy Florini)
Influência do jazz
(Carlos Lyra)
Rio
(Roberto Menescal e Ronaldo Bôscoli)
Só danço samba
(Antônio Carlos Jobim e Vinícius de Moraes)
Andorinha preta
(Breno Ferreira)
Fala de amor
(Tito Madi)
O pato
(Jayme Silva e Neuza Teixeira)
Vagamente
(Roberto Menescal e Ronaldo Bôscoli)
Nós e o mar
(Roberto Menescal e Ronaldo Bôscoli)

A BOSSA NOVA DE ROBERTO MENESCAL
Elenco – 1967

Desafinado
(Antônio Carlos Jobim e Nilton Mendonça)
Batida diferente
(Durval Ferreira e Maurício Einhorn)
Balançamba
(Roberto Menescal e Ronaldo Bôscoli)
O amor que acabou
(Francisco Feitosa e L. F. Freire)
Você e eu
(Carlos Lyra e Vinícius de Moraes)
Samba torto
(Antônio Carlos Jobim e A. Oliveira)
Garota de Ipanema
(Antônio Carlos Jobim e Vinícius de Moraes)
Rio
(Roberto Menescal e Ronaldo Bôscoli)
Baiãozinho
(Eumir Deodato)
Dan-cha-cha
(Roberto Menescal e Ronaldo Bôscoli)
Nós e o mar
(Roberto Menescal e Ronaldo Bôscoli)
Só danço samba
(Antônio Carlos Jobim e Vinícius de Moraes)

SURF BOARD - Roberto Menescal e seu conjunto
Elenco – 1967

Surf board
(Antônio Carlos Jobim)
Preciso aprender a ser só
(Marcos Valle e Paulo Sérgio Valle)
Antes e depois
(Oscar Castro Neves)
Tetê
(Roberto Menescal e Ronaldo Bôscoli)
My heart stood steel
(Rogers e Hart)
Hot Canabi
O grito
(Roberto Menescal e Ronaldo Bôscoli)
Bonita
(Antônio Carlos Jobim)
Perdido
(Drake, Lenk e Tysol)
Razão de viver
(Eumir Deodato e Paulo Sérgio Valle)
Se o carro parar
(Roberto Menescal e Ronaldo Bôscoli)
Berimbau
(Baden Powell e Vinícius de Moraes)

A NOVA BOSSA DE ROBERTO MENESCAL E SEU CONJUNTO
Elenco – 1968

Samba de verão
(Marcos Valle e Paulo Sérgio Valle)
Aruanda
(Carlos Lyra e Geraldo Vandré)
Só tinha de ser com você
(Antônio Carlos Jobim e Aloísio de Oliveira)
Verão
(Ronaldo Ferraz e Hugo Marotta)
Não bate coração
(Eumir Deodato)
Você
(Roberto Menescal e Ronaldo Bôscoli)
Adriana
(Roberto Menescal e Lula Freire)
Bolinha de papel
(Geraldo Pereira)
A morte de um deus de sal
(Roberto Menescal e Ronaldo Bôscoli)
Inverno
(Ronaldo Ferraz e Hugo Marotta)
Peter and Paulus
(Eumir Deodato)
Negro
(Roberto Menescal e Ronaldo Bôscoli)

O CONJUNTO DE ROBERTO MENESCAL
Forma-Polygram – 1969

On Broadway
(Mamn, Weil, Leiben e Stoller)
Depois da queda
(Roberto Menescal e Ronaldo Bôscoli)
Amazonas
(João Donato)
Nós
(Candinho e Lula Freire)
Visão
(Antônio Adolfo e Tibério Gaspar)
Litoral
(Toninho Horta e Ronaldo Bastos)
Five four
(Roberto Menescal e Bob Russell)
Nanã
(Moacyr Santos e Mário Telles)
Canto por amor
(Tito Madi)
O barquinho
(Roberto Menescal e Ronaldo Bôscoli)
Memórias de Marta Saré
(Edu Lobo e Guarnieri)
Rema
(Roberto Menescal e Rubens Richter)

UM CANTINHO, UM VIOLÃO (Nara & Menescal)
Polygram – 1985

- O negócio é amar
  (Carlos Lyra e Dolores Duran)
- Tristeza de nós dois
  (Durval Ferreira, Maurício e Bebeto)
- Sabor a mi
  (Álvaro Carrillo)
- Da cor do pecado
  (Bororó)
- Transparências
  (Roberto Menescal e Abel Silva)
- Blusão
  (Roberto Menescal e Xico Chaves)
- Resignação
  (Arnô Provenzano e Geraldo Pereira)
- Vestígios
  (Marcos Valle e Paulo Sérgio Valle)
- There will be never another you
  (M. Gordon e H. Warren)
- Comigo é assim
  (Luiz Bittencourt e José Menezes)
- Mentiras
  (João Donato e Lysias Enio)
- Inclinações musicais
  (Geraldo Azevedo e Renato Rocha)

DITOS E FEITOS
WEA

- Bye Bye Brasil
  (Roberto Menescal e Chico Buarque)
- Tetê
  (Roberto Menescal e Ronaldo Bôscoli)
- Jealousy (ciúme)
  (Carlos Lyra)
- Rain song (vagamente)
  (Roberto Menescal e Ronaldo Bôscoli
  - versão: J. C. Costa Netto)
- The little boat (o barquinho) / You (você)
  (Roberto Menescal e Ronaldo Bôscoli)
- To return that day (anohi ni kaeritai)
  (Yumi Arai - versão: Jota Efe Tatiana)
- Said and done (ditos e feitos)
  (Roberto Menescal e Nelson Motta)
- Golden years (anos dourados)
  (Antônio Carlos Jobim e Chico Buarque)
- Thelephone (telefone)
  (Roberto Menescal e Ronaldo Bôscoli)
- The death of a salt god (a morte de um deus de sal)
  (Roberto Menescal e Ronaldo Bôscoli)
- Brekelé
  (Fernando Merlino)

EU E A MÚSICA (Wanda Sá e Roberto Menescal)
CID – 1995

- Wave
  (Antônio Carlos Jobim)
- Como uma onda
  (Lulu Santos e Nelson Motta)
- Vagamente /Triste / Vivo sonhando / Brigas nunca mais
  (Roberto Menescal e Ronaldo Bôscoli) / (Antônio Carlos Jobim) / (Antônio Carlos Jobim) / (Antônio Carlos Jobim e Vinícius de Moraes)
- Chega de saudade / Sábado em Copacabana / Rio / Valsa de uma cidade / Ela é carioca
  (Antônio Carlos Jobim e Vinícius de Moraes) / (Dorival Caymmi e Carlos Guinle) / (Roberto Menescal e Ronaldo Bôscoli) / (Ismael Neto e Antônio Maria) / (Antônio Carlos Jobim e Vinícius de Moraes)
- O barquinho
  (Roberto Menescal e Ronaldo Bôscoli)
- Você
  (Roberto Menescal e Ronaldo Bôscoli)
- Telefone
  (Roberto Menescal e Ronaldo Bôscoli)
- Acontece / As rosas não falam / O sol nascerá
  (Cartola) / (Cartola) / (Cartola e Elton Medeiros)
- Eu e a música
  (Roberto Menescal e Aldir Blanc)
- Só danço samba / O pato / Bye Bye Brasil / Aquarela do Brasil / Isto aqui é o que é
  (Antônio Carlos Jobim e Vinícius de Moraes) / (Jaime Silva e Neuza Teixeira) / (Roberto Menescal e Chico Buarque) / (Ary Barroso) / (Ary Barroso)

UMA MISTURA FINA (Wanda Sá, Roberto Menescal e Miele)
Albatroz – 1997

- Copacabana de sempre
  (Roberto Menescal e Ronaldo Bôscoli)
- O barquinho
  (Roberto Menescal e Ronaldo Bôscoli)
- Você
  (Roberto Menescal e Ronaldo Bôscoli)
- Lobo bobo
  (Carlos Lyra e Ronaldo Bôscoli)
- Batida diferente
  (Durval Ferreira e Maurício Einhorn)
- Ah! se eu pudesse
  (Roberto Menescal e Ronaldo Bôscoli)
- Jura
  (J. C. Costa Netto e Roberto Menescal)
- O alquimista
  (Roberto Menescal e Paulo César Feital)
- Japa
  (Roberto Menescal e Paulo César Feital)
- La puerta
  (Luiz Demetrio)
- Baubles, Bangles and Beads
  (A. Barodin, Wright e G. Forrest)
- Telefone
  (Roberto Menescal e Ronaldo Bôscoli)
- Se eu pudesse dizer que te amei
  (Roberto Menescal e Paulo César Feital)
- Abraço vazio
  (J. C. Costa Netto e Roberto Menescal)
- Brasil precisa balançar
  (Roberto Menescal e Paulo César Pinheiro)
- Bye Bye Brasil / Aquarela do Brasil
  (Roberto Menescal e Chico Buarque) / (Ary Barroso)
- Samba da benção
  (Vinícius de Moraes e Baden Powell)

ESTRADA TOKYO-RIO (Roberto Menescal e Wanda Sá)
Albatroz – 1998

- Estrada Tokyo-Rio
  (Roberto Menescal e J. C. Costa Netto)
- Nas quebradas da vida
  (Roberto Menescal e Paulo César Feital)
- A volta
  (Roberto Menescal e Ronaldo Bôscoli)
- The king of rock'n'roll
  (Roberto Menescal e Melody Su Figueira)
- Vai de vez
  (Roberto Menescal e Lula Freire)
- Revolução
  (Roberto Menescal e Paulo César Feital)
- Só quiz você
  (Roberto Menescal e Ronaldo Bôscoli)
- Balansamba
  (Roberto Menescal e Ronaldo Bôscoli)
- Dançar com você
  (Roberto Menescal e Paulo César Feital)
- Contemplação
  (Roberto Menescal e Abel Silva)
- Rio
  (Roberto Menescal e Ronaldo Bôscoli)
- Manequim
  (Roberto Menescal e Paulo César Feital)
- Saudades de você
  (Roberto Menescal e Nara Leão)
- Novas bossas
  (Roberto Menescal e Paulo César Feital)

BOSSA EVERGREEN (Roberto Menescal Instrumental)
Albatroz – 2000 (ainda por lançar)

Copacabana de sempre

ROBERTO MENESCAL e
RONALDO BÔSCOLI

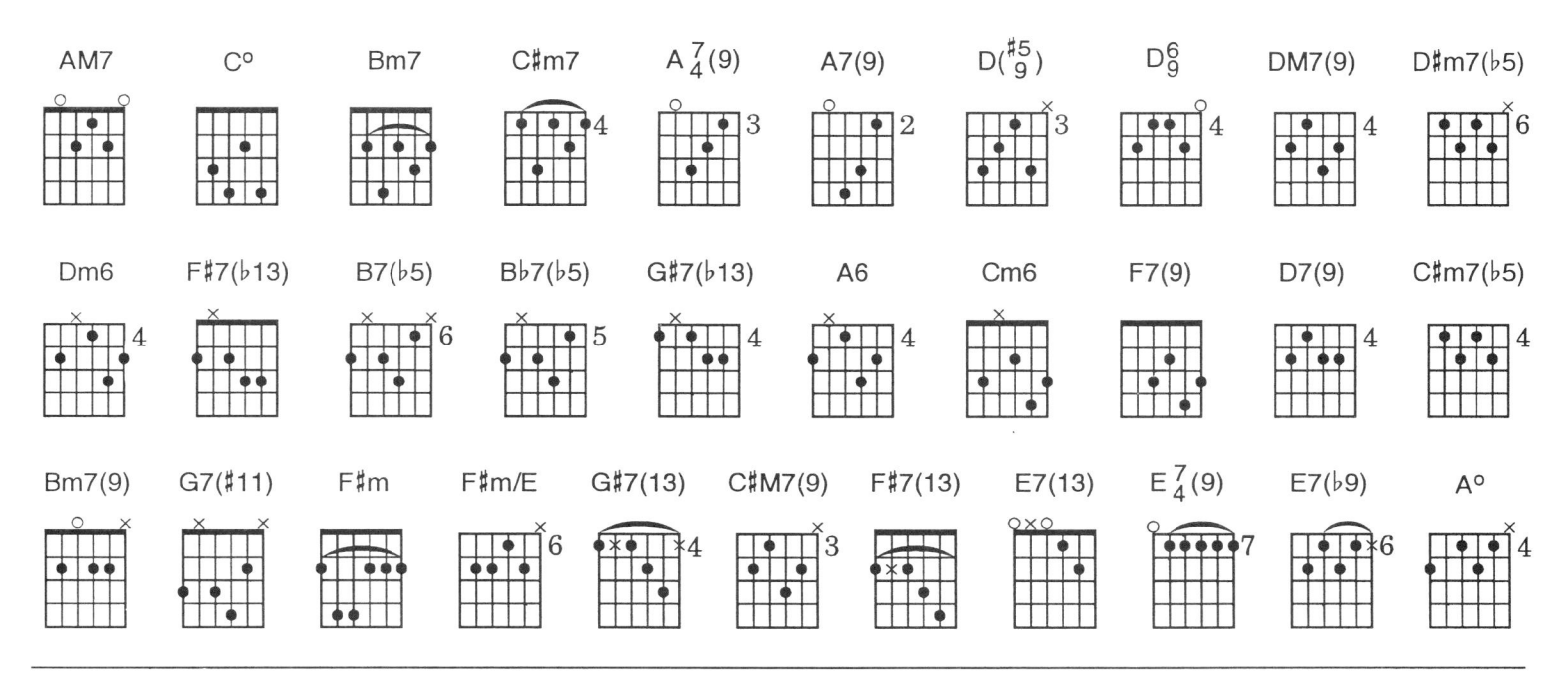

[chord diagrams: AM7, C°, Bm7, C#m7, A7/4(9), A7(9), D(#5/9), D6/9, DM7(9), D#m7(b5), Dm6, F#7(b13), B7(b5), Bb7(b5), G#7(b13), A6, Cm6, F7(9), D7(9), C#m7(b5), Bm7(9), G7(#11), F#m, F#m/E, G#7(13), C#M7(9), F#7(13), E7(13), E7/4(9), E7(b9), A°]

```
 AM7     C°   Bm7     C°
Copacabana    praia dourada
 C#m7       A7 4(9) A7(9)     D(#5 9) D6 9 DM7(9) D6 9
Marcada a sol       em mim
 D#m7(b5)        Dm6
Sei do teu corpo moreno
 C#m7            F#7(b13)
Sei das amargas sereias
 B7(b5)
Asas atadas aos pés
 Bb7(b5)
Ondas dos meus jacarés

 AM7     C°   Bm7     C°
Copacabana    berço da bossa
 C#m7       A7 4(9) A7(9)     D(#5 9) D6 9 DM7(9) D6 9
Coisas tão nos___sas sim
 D#m7(b5)        G7(b13)
Ficou tão lindo o seu rosto
 C#m7            F#9(b13)
Posto que bem mais mulher
 B7(b5)
Venha comigo pra ver
 Bb7(b5)
Tudo o que eu quero dizer
      A6
In_da que seja breve
            Cm6       F7(9)
Ou que leve a vi__da e mais
      A6          D7(9)
Va_mos por esses be__cos
```

```
              C#m7(b5)              F#7(b13)
Esquinas ba___res que eu sei demais
       Bm7(9)      G7(#11)            C#m7
To___da Copacaba___na que mora em fren__te
             F#m7  F#m/E
Ao mar de anil
    D#m7(b5)         G7(13)          C#M7(9)
Nada é mais cario___ca que a nossa Co__pa
       F#7(13)  Bm7(9)  E7(13)
Que o seu perfil

 AM7     C°   Bm7     C°
Copacabana    de mar inteiro
 C#m7       A4  A 7(9)     D(#5 9) D6 9 DM7(9) D6 9
Do mar  primei___ro bem
  D#m7(b5)         G#7(b13)
Eu me confesso pequeno
  C#m7(b5)         F#7(b13)
Face a seu corpo moreno
  Bm7(9)          E4  E7(b9)  A4 7(9)  A7(9)
Face ao Atlântico Sul, Copacaba____na

  D#m7(b5)         G#7(b13)
Eu me confesso pequeno
  C#m7(b5)         F#7(b13)
Face ao teu corpo moreno
  Bm7(9)         E7 4(9)  E7(b9)  A°
Face ao Atlântico Sul,    Copacabana
```

Copacabana de sempre

ROBERTO MENESCAL e
RONALDO BÔSCOLI

♩ = **100**

Co-pa-ca-ba-na___ prai-a dou-ra-da___ Mar-ca-da_a sol___ em mim___ Sei do teu cor-po mo-re-no___ Sei das a-mar-gas se-rei-as___ A-sas a-ta-das aos pés On-das dos meus ja-ca-rés Co-pa-ca-ba-na___ ber-ço da bos-sa___ Coi-sas tão nos-sas sim___ Fi-cou tão lin-do_o seu ros-to Pos-to que bem mais mu--lher Ve-nha co-mi-go pra ver Tu-do_o que_eu que-ro di-zer In--da que se-ja bre-ve Ou que le-ve_a vi-da e mais___ Va-

©Copyright 1992 by WARNER CHAPPELL EDIÇÕES MUSICAIS LTDA.
Todos os direitos autorais reservados para todos os países. *All rights reserved.*

-mos por esses becos Esquinas bares que eu sei demais___ To-
-da Copacabana que mora em frente Ao mar de anil___
Nada é mais carioca___ que a nossa Copa Que o seu perfil
Copacabana___ de mar inteiro___
Do mar primeiro bem___
Eu me confesso pequeno Face a seu corpo mo-
-reno Face ao Atlântico Sul, Copaca-
-bana -bana

O barquinho

ROBERTO MENESCAL e
RONALDO BÔSCOLI

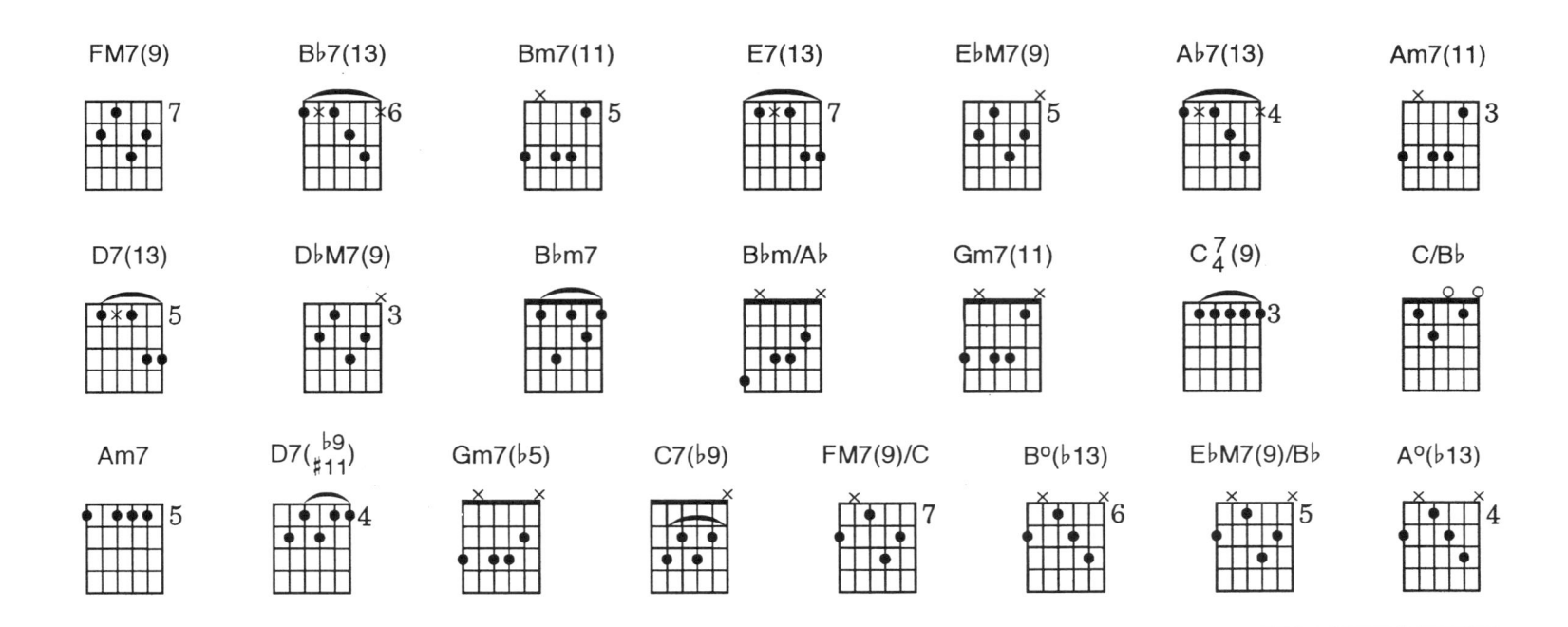

      FM7(9)   *Bb7(13)*
Dia de luz festa   de sol
       Bm7(11)
E o barquinho a deslizar
     E7(13)
No macio azul do mar
EbM7(9)   *Ab7(13)*
Tudo é verão e o amor   se faz
     Am7(11)
Num barquinho pelo mar
    D7(13)
Que desliza sem parar
DbM7(9)   *Bbm7*
Sem intenção nossa   canção
Bbm/Ab *Gm7(11)*   *C7(4 9)*
Vai   saindo desse mar e o sol
C/Bb   *Am7*   *D7(b9 #11)*
Beija o barco, e luz
    Gm7(b5) *C7(b9)*
Dias tão azuis

FM7(9)/C
Volta do mar desmaia o sol
      B°(b13)
E o barquinho a deslizar

E a vontade de cantar
EbM7(9)/Bb
Céu tão azul ilhas do sul
    A°(b13)
E o barquinho coração

Deslizando na canção
DbM7(9)   *Bbm7*
Tudo isso é paz, tudo isso traz
Bbm/Ab *Gm7(11)*   *C7(9)*
Uma   calma de verão e então
C/Bb   *Am7*   *D7(b9#11)*
O barquinho vai
    Gm7(b5) *C7(b9)*
A tardinha cai

♩ = 125

(1ª vez) F M7(9) Bb7(13) Bm7(11)
(2ª vez) F M7(9)/C   B°(b13)

Di-a de luz fes-ta___ do sol E_o bar-qui-nho_a des-li-zar No ma-
Vol-ta do mar des-mai___ a_o sol E_o bar-qui-nho_a des-li-zar E_a von-

E7(9) EbM7(9) Ab7(13)
       EbM7(9)/Bb

-ci-o_a-zul do mar Tu-do_é ve-rão e_o_a-mor___ se faz Num bar-
-ta-de de can-tar   Céu tão a-zul i-lhas___ do sul E_o bar-

Am7(11) D7(13) DbM7(9)
A°(b13)

-qui-nho pe-lo mar Que des-li-za sem pa-rar Sem in-ten-ção nos-sa___
-qui-nho co-ra-ção Des-li-zan-do na can-ção Tu-do_is-so_é paz, tu-do_is-

Bbm7 Bbm/Ab Gm7(11) C7(9) C/Bb

___ can-ção Vai sa-in-do des-se mar e o sol Bei-ja_o
___ -so traz U-ma cal-ma de ve-rão e en-tão O bar-

Am7 D7(b9/#11) Gm7(b5) C7(b9)

bar___ -co_e, luz___ Di-as tão___ a-zuis___ D.C.
-qui___ -nho vai___ A tar-di___ -nha cai___

©Copyright 1981 by WARNER CHAPPELL EDIÇÕES MUSICAIS LTDA.
Todos os direitos autorais reservados para todos os países. *All rights reserved.*

Telefone

ROBERTO MENESCAL e
RONALDO BÔSCOLI

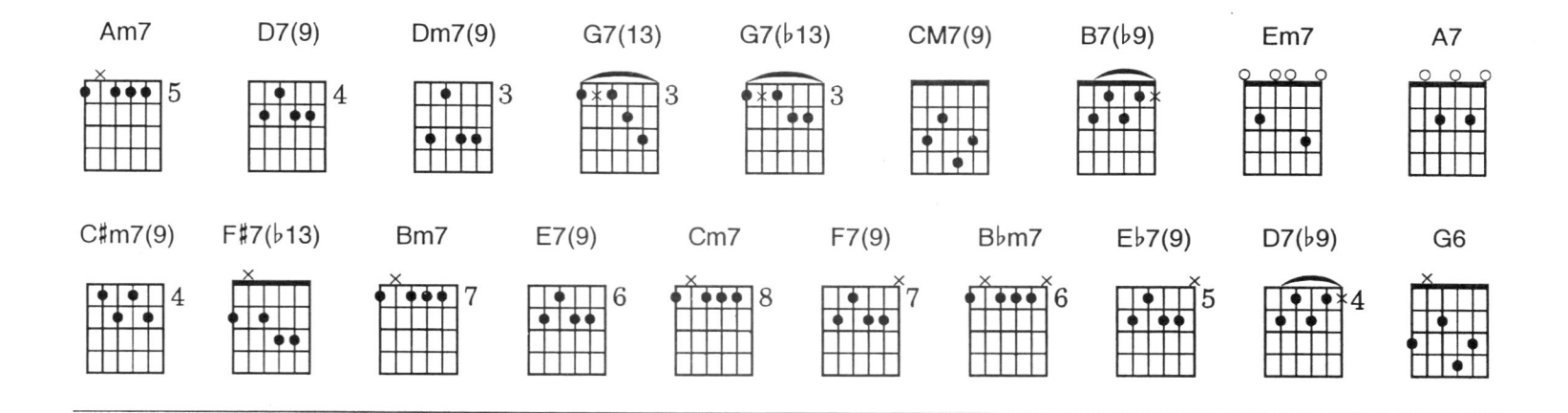

```
         Am7      D7(9)      Am7      D7(9)
Tuém tuém, ocupado pela décima vez

         Am7    D7(9)       Am7      D7(9)
Tuém,    telefono e não consigo falar

         Dm7(9)  G7(13)     Dm7(9)          G7(13)
Tuém tuém,   tô ouvindo há muito mais de um mês

         Dm7(9)  G7(13)      Dm7(9)    G7(13) G7(b13)
Tuém,    já começa quando eu penso em discar

CM7(9)    B7(b9)     Em7
   Eu já estou desconfiado

A7                  Am7       D7(9)
   Que ela deu meu telefone pra mim


         Am7      D7(9)       Am7       D7(9)
Tuém tuém, e dizer que a vida inteira esperei

         Am7     D7(9)       Am7       D7(9)
Tuém,    que dei duro e me matei pra encontrar

         Dm7(9)  G7(13)     Dm7(9)       G7(13)
Tuém tuém,    toda lista quase que eu decorei

         Dm7(9)  G7(13)      Dm7(9)    G7(13) G7(b13)
Tuém,    dia e noite não parei de discar

CM7(9)   B7(b9)       Em7
   E só vendo com que jeito

C#m7(b5)   F#7(b13)    Bm7
   Pe___dia    pr'eu ligar

         C#m7(b5)  F#7(b13)    Bm7
Tuém tuém, não entendo mais na___da

C#m7(b5)  F#7(b13)       Bm7    E7(9)
   Pra  que  que eu fui topar

         Am7       D7(9)      Bm7        E7(9)
Tuém tuém, não me diga que agora atendeu

         Cm7    F7(9)  Bm7   E7(9) Bbm7   Eb7(9)
Será que eu,    eu consegui agora encontrar

         Am7       D7(b9)  G6
A moça atendeu    alô
```

♩ = 85
Am7 D7(9) Am7 D7(9)
Tuém tuém, o - cu - pa - do pe - la dé - ci - ma vez Tuém,
tuém, e di - zer que a vi - da in - tei - ra es - pe - rei Tuém,
Am7 D7(9) Am7 D7(9) Dm7(9) G7(13)
te - le - fo - no e não con - si - go fa - lar Tuém tuém, tô ou - vin - do há mui - to
que dei du - ro e me ma - tei pra en - con - trar Tuém tuém, to - da lis - ta qua - se
Dm7(9) G7(13) Dm7(9) G7(13) Dm7(9) G7(13) G7(♭13) CM7(9)
mais de um mês Tuém, já co - me - ça quan - do eu pen - so em dis - car
que eu de - co - rei Tuém, di - a e noi - te não pa - rei de dis - car
B7(♭9) Em7 A7 Am7 D7(9)
1.
Eu já es - tou des - con - fi - a - do Que e - la deu meu te - le - fo - ne pra mim Tuém
E só ven - do com que jei - to
C♯m7(♭5) F♯7(♭13) Bm7 C♯m7(♭5) F♯7(♭13) Bm7
2.
Pe - di - a pr'eu li - gar Tuém tuém, não en - ten - do mais na - da
C♯m7(♭5) F♯7(♭13) Bm7 E7(9) Am7 D7(9) Bm7 E7(9)
Pra que que eu fui to - par Tuém tuém, não me di - ga que a - go - ra a - ten - deu
Cm7 F7(9) Bm7 E7(9) B♭m7 E♭7(9) Am7 D7(♭9) G6
Se - rá que eu, eu con - se - gui a - go - ra en - con - trar A mo - ça a - ten - deu a - lô

Rio

ROBERTO MENESCAL e
RONALDO BÔSCOLI

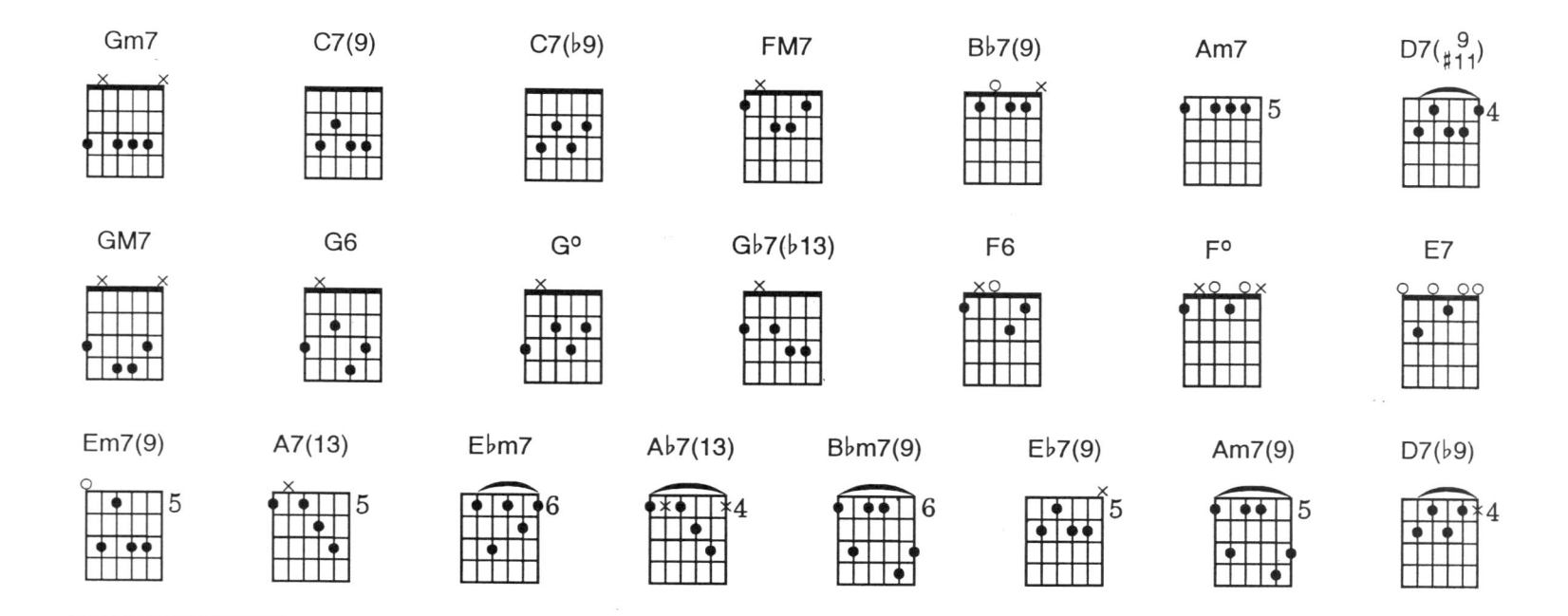

[Chord diagrams: Gm7, C7(9), C7(b9), FM7, Bb7(9), Am7, D7(9/#11), GM7, G6, G°, Gb7(b13), F6, F°, E7, Em7(9), A7(13), Ebm7, Ab7(13), Bbm7(9), Eb7(9), Am7(9), D7(b9)]

Gm7   **C7(9)**
Rio que mora no mar

         Gm7
Sorrio pro meu Rio

         C7(9)
Que tem no seu mar

C7(b9) **FM7**   **Bb7(9)**
Lindas flores que nascem more__nas

      Am7 **D7(9 #11)**
Em jardins de sol

Gm7   **C7(9**
Rio, serras de veludo

        Gm7
Sorrio pro meu Rio

        C7(9)
Que sorri de tudo

C7(b9) **FM7**   **Bb7(9)**
Que é dourado quase todo di__a

      Am7 **D7(9 #11)**
E alegre como a luz

GM7 **G6**   **G°**
Rio é mar, eterno se fazer amar

Gb7(b13) **FM7**
O meu Rio é lua

F6   **F°** **E7**
Amiga branca e nua

   Em7(9)
É sol, é sal, é sul

A7(13)   **Ebm7**
São mãos se descobrindo em todo azul

Ab7(13)   **Gm7**
Por isso é que meu Rio da mulher beleza

C7(9)   **Bbm7(9)**
Acaba num instante com qualquer tristeza

Eb7(9)   **Am7(9)**
Meu Rio que não dorme porque não se cansa

D7(b9)   **Gm7**
Meu Rio que balança

Sou Rio, sorrio

 C7(9)
Sou Rio, sorrio

       Gm7
Sou Rio, sorrio

       C7(9)
Sou Rio, sorrio

       Gm7
Sou Rio, sorrio

♩ = 65

Lyrics (verse 1 / verse 2):

Rio que mo-ra no mar___ Sor-ri-o pro meu Rio Que tem no seu mar___
Rio, ser-ras de ve-lu-do___ Sor-ri-o pro meu Rio Que sor-ri de tu-do___

Lin-das flo-res que nas-cem mo-re___ nas Em jar-dins de sol
Que é dou-ra-do qua-se to-do di___ a E a-le-gre co-mo a luz

Rio é mar,___ e-ter-no se fa-zer a-mar___ O meu Rio é lu-a___

A-mi-ga bran-ca e nu-a___ É sol, é sal,___ é sul___ São mãos se des-co-

-brin-do em to-do a-zul___ Por is-so é que meu Rio da mu-lher be-le-za___ A-ca-ba num ins-

-tan-te com qual-quer tris-te-za___ Meu Ri-o que não dor-me por-que não se can-sa___ Meu Ri-o que ba-

-lan-ça Sou Rio,___ sor-rio Sou Rio, sor-rio Sou Rio,___ sor-rio Sou Rio, sor-rio Sou Rio,___ sor-rio___

©Copyright 1976 by IRMÃOS VITALE S/A Ind. e Com. - São Paulo - Brasil.
Todos os direitos autorais reservados para todos os países. *All rights reserved.*

Vagamente

ROBERTO MENESCAL e
RONALDO BÔSCOLI

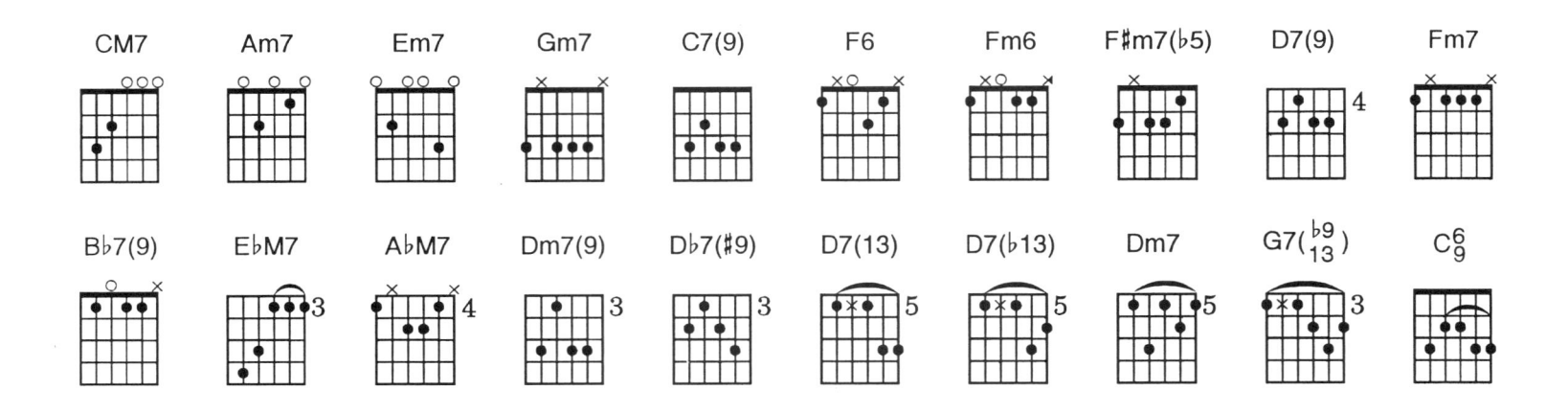

[Chord diagrams: CM7, Am7, Em7, Gm7, C7(9), F6, Fm6, F#m7(b5), D7(9), Fm7, Bb7(9), EbM7, AbM7, Dm7(9), Db7(#9), D7(13), D7(b13), Dm7, G7(b9 13), C6/9]

    CM7   *Am7*
Só me lembro muito vagamen__te
    Em7   *Gm7* *C7(9)*
Correndo você vinha quando de repen__te
  F6   *Fm6*   *CM7* *Gm7* *C7(9)*
Seu sorriso que era muito bran__co me encontrou
  F#m7(b5)   *Fm6*
Só me lembro que depois anda__mos
  Em7   *Am7*
Mil estrelas só nós dois conta__mos
 D7(9)   *Fm7* *Bb7(9)*
E o vento soprou de manhã
  EbM7 *AbM7* *Dm7(9)* *Db7(#9)*
Mil canções

  CM7   *Am7*
Só me lembro muito vagamen__te
   Em7   *Gm7* *C7(9)*
Da tarde que morria quando de repen__te
 F6   *Fm6* *CM7* *Gm7* *C7(9)*
Eu sozinho fiquei lhe esperan__do e chorei
 F#m7(b5)   *Fm6*
Só me lembro muito vagamen__te
   Em7   *Am7*
O quanto a gente amou e foi tão de repen__te
 D7(13) *D7(b13)* *Dm7*
Que nem lembro se foi com você
  G7(b9 13)   *C6 9*
Que eu perdi meu amor

♩ = 80

CM7 Só me lem-bro mui-to va-ga-men — te **Am7** Cor-ren-do vo-cê vi-nha quan-do de re-pen-
lem-bro mui-to va-ga-men — te **Am7** *Da tar-de que mor-ri-a quan-do de re-pen-*

Em7

Gm7 C7(9) -te **F6** Seu sor-ri-so que e-ra mui-to bran — co **Fm6** me en-con-trou **CM7**
-te *Eu so-zi-nho fi-quei lhe es-pe-ran — do e cho-rei*

Gm7 C7(9) **F#m7(b5)** Só me lem-bro que de-pois an-da — mos **Fm6** Mil es-tre-las só nós dois con-ta- **Em7**
Só me

Am7 -mos **D7(9)** E o ven-to so-prou de ma-nhã **Fm7 Bb7(9)** Mil can-ções **EbM7 AbM7 Dm7(9) Db7(#9)** Só me
Ao 𝄋 e ⊕

F#m7(b5) lem-bro mui-to va-ga-men — te **Fm6** O quan-to a gen-te a-mou e foi tão de re-pen- **Em7**

Am7 -te Que nem **D7(13)** lem-bro se foi com vo-cê **D7(b13)** **Dm7** Que eu per-di meu a- **G7(b9/13)** mor **C6/9**

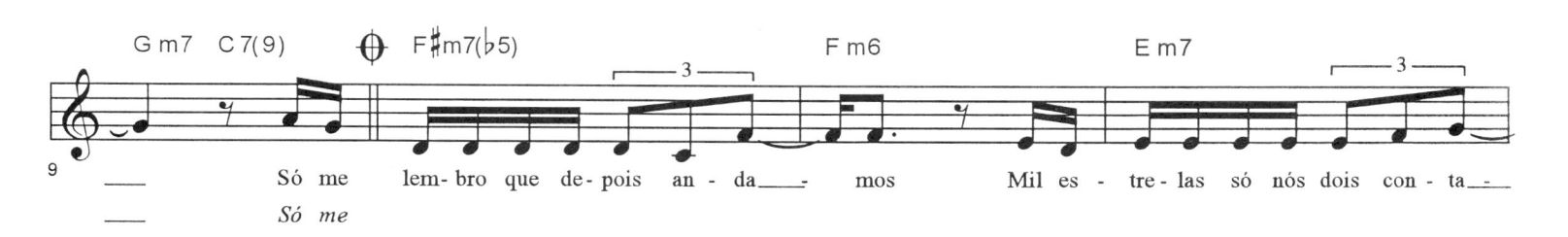

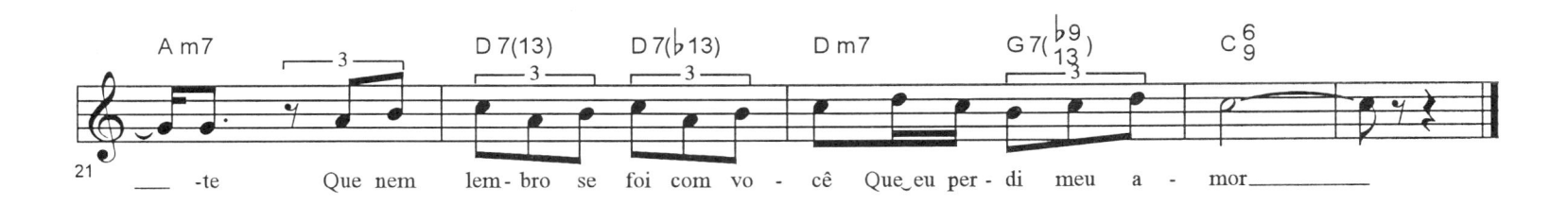

©Copyright 1976 by IRMÃOS VITALE S/A Ind. e Com. - São Paulo - Brasil.
Todos os direitos autorais reservados para todos os países. *All rights reserved.*

Ah! Se eu pudesse

ROBERTO MENESCAL e
RONALDO BÔSCOLI

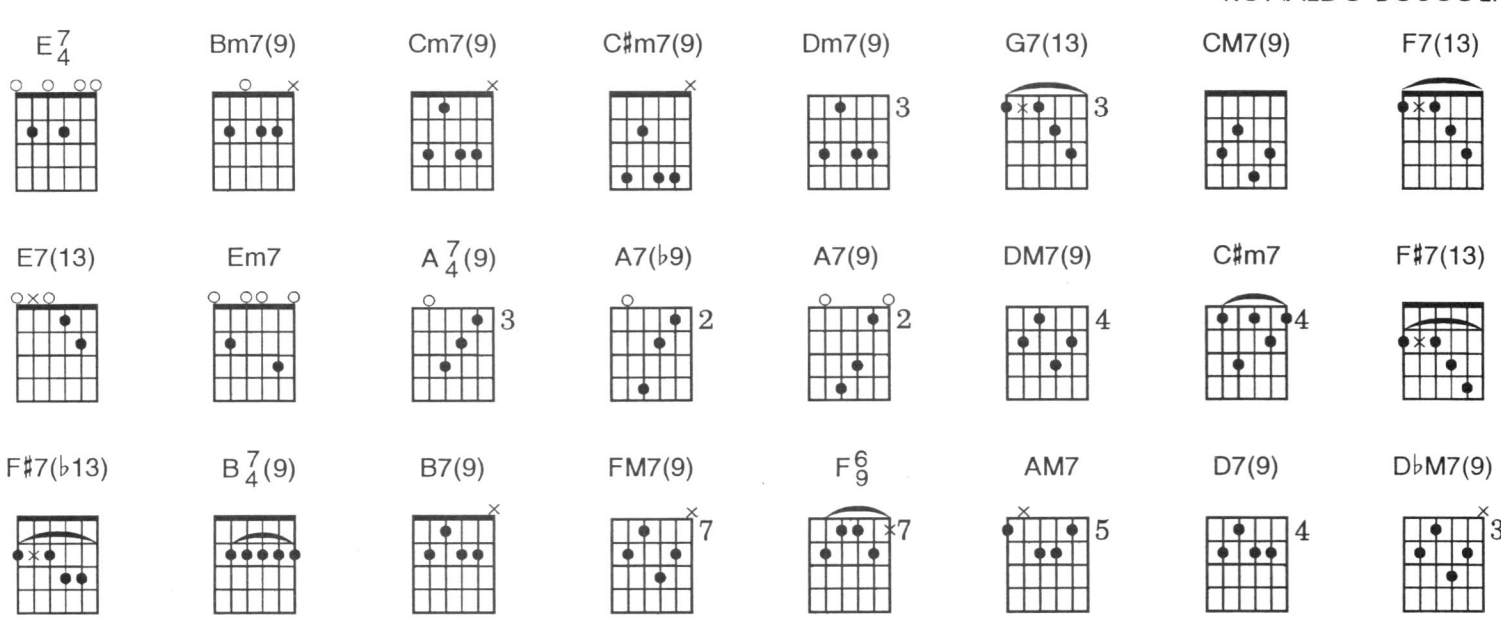

Introdução: **E7 4**

Bm7(9) Cm7(9) C#m7(9) Dm7(9)   G7(13)
Ah!   Se eu pu____desse te buscar sor__rindo
  CM7(9)   F7(13)
E lindo fosse o dia como um dia foi
    Bm7(9)   E7(13)
E indo nesse lindo feito pra nós dois
   Em7   A7 4(9) A7(b9)
Pisando nisso tudo que se fez canção
   Dm7(9)   G7(13)
Ah! Se eu pudesse te mostrar as flo__res
   CM7(9)   F7(13)
Que cantam suas cores pra manhã que nas__ce
    Bm7(9)   E7(13)
E cheiram no caminho como quem falas__se
     Em7   A7 4(9) A7(9)
As coisas mais bonitas pra manhã de sol

      DM7(9)   G7(13)
Ah! Se eu pudesse no fim do cami__nho
      C#m7   F#7(13) F#7(b13)
Achar nosso barquinho e levá-lo ao mar
       B7 4(9)   B7(9)
Ah! Se eu pudesse tanta poesi__a
      FM7(9)   F6 9
Ah! Se eu pudesse sempre aquele di__a
     Dm7(9)   C#m7(9) Cm7(9) Bm7(9)
Ah! Se eu pudesse te encontrar   se____rena
    E7(13)   AM7   D7(9)
Eu juro pegaria sua mão peque__na
          AM7   D7(9)
E juntos vendo o mar dizendo aquilo tu__do
       DbM7(9)
 Quase sem falar

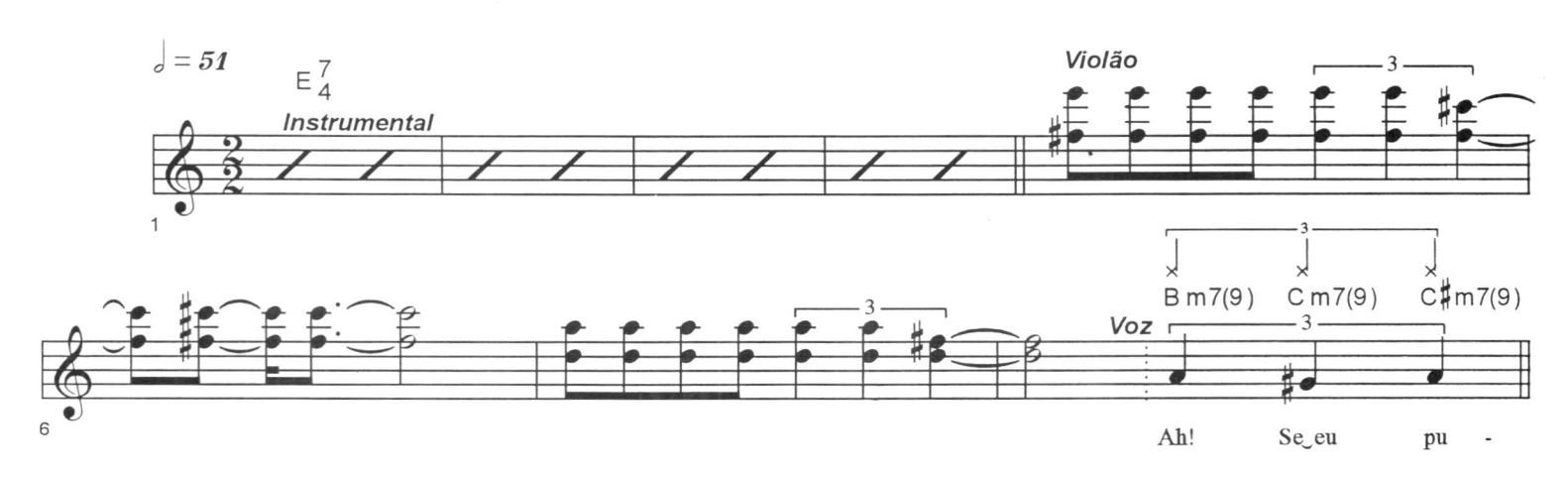

©Copyright 1981 by WARNER CHAPPELL EDIÇÕES MUSICAIS LTDA.
Todos os direitos autorais reservados para todos os países. *All rights reserved.*

Lyrics (as underlaid in the score):

Verse 1: -des-se te bus-car so rin - do E lin-do fos-se o di-a co-mo um di-a foi E in-do nes-se lin-do fei-to pra nós dois Pi-san-do nis-so tu-do que se fez can-ção

Verse 2: -des-se te mos-trar as flo - res Que can-tam su-as co-res pra ma-nhã que nas-ce E chei-ram no ca-mi-nho co-mo quem fa-las - se As coi-sas mais bo-ni-tas pra ma-nhã de sol

Refrain: Ah! Se eu pu-des-se / Ah! Se eu pu-des-se no fim do ca-mi - nho A-char nos-so bar-qui-nho e le-vá-lo ao mar Ah! Se eu pu-des-se tan-ta po-e-si - a Ah! Se eu pu-des-se sem-pre a-que-le di - a Ah! Se eu pu-des-se te en-con-trar se-re-na Eu ju-ro pe-ga-ri-a su-a mão pe-que-na E jun-tos ven-do o mar di-zen-do a-qui-lo tu - do Qua-se sem fa-lar

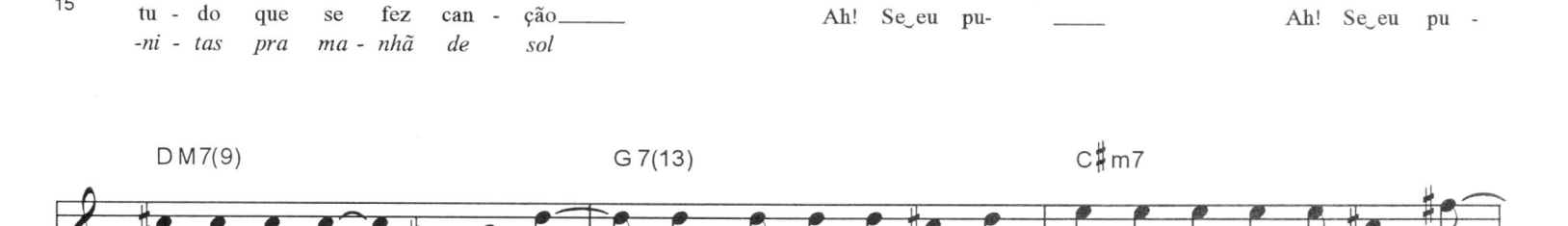

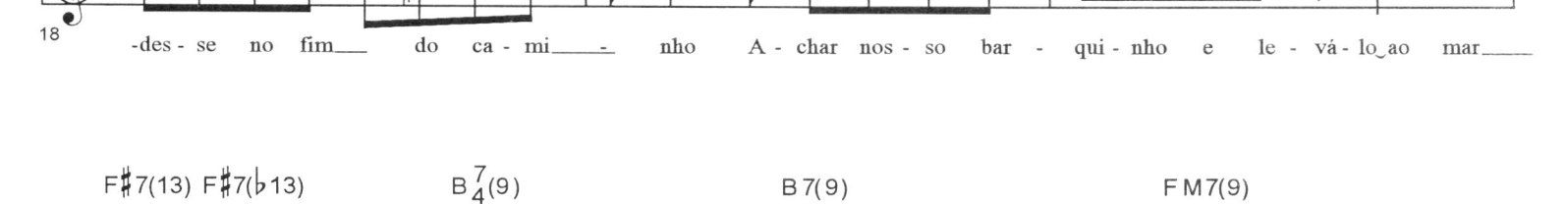

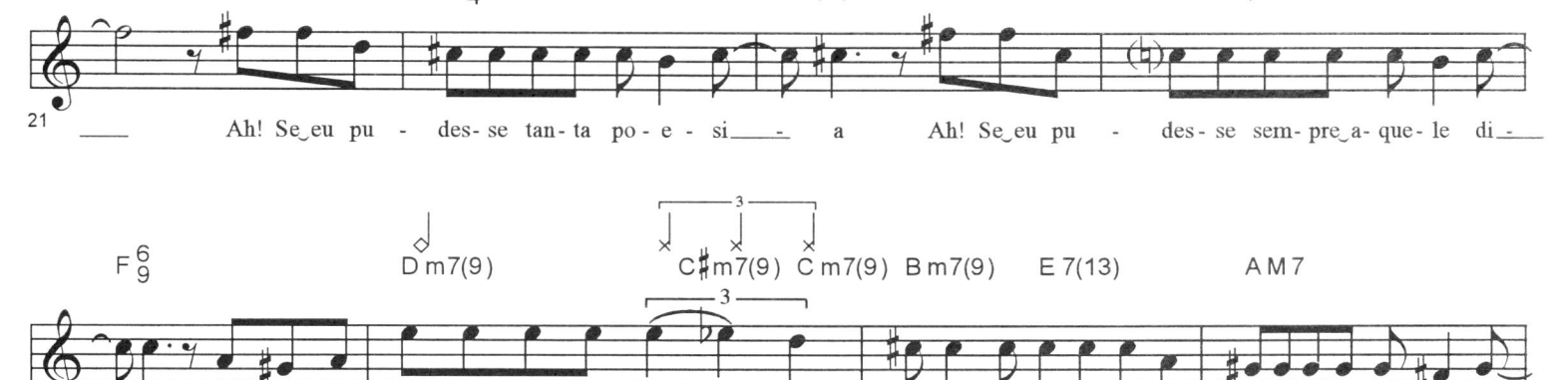

Chords (in order of appearance):
Dm7(9), G7(13), CM7(9), F7(13), Bm7(9), E7(13), Em7, A7/4(9), A7(b9), A7/4(9), A7(9), DM7(9), G7(13), C#m7, F#7(13), F#7(b13), B7/4(9), B7(9), FM7(9), F6/9, Dm7(9), C#m7(9), Cm7(9), Bm7(9), E7(13), AM7, D7(9), AM7, D7(9), DbM7(9)

Tetê

ROBERTO MENESCAL e
RONALDO BÔSCOLI

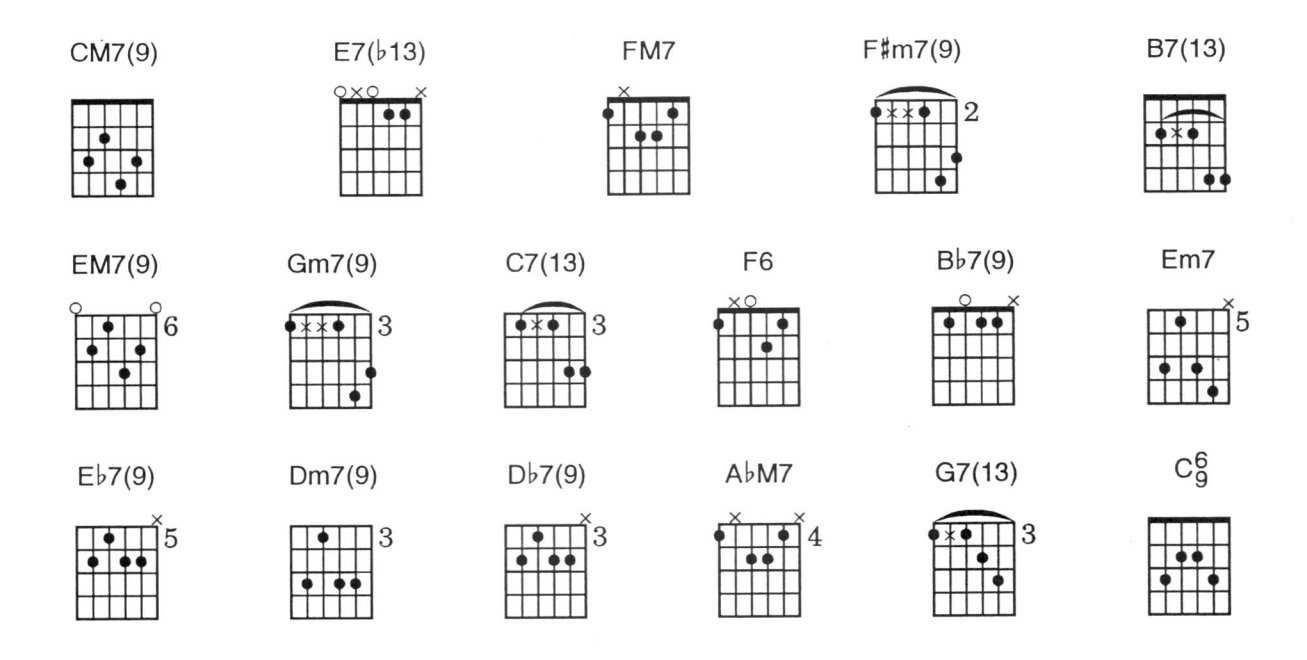

    CM7(9) E7(b13)
Tetê, você sabe tudo

    FM7   F#m7(9) B7(13)
Tá bem, mas eu lhe garanto

    EM7(9) Gm7(9) C7(13) F6
Tetê, que o mundo dá voltas também

    Bb7(9) Em7 Eb7(9)
Tetê, hoje sou eu

Dm7(9)   Db7(9)
Quem vai dizer

    CM7(9) E7(b13)   FM7
Tetê, você que sabia demais

    F#m7(9) B7(13) EM7(9)
Não viu que o tempo passou

    Gm7(9) C7(13) F6
E fez de você nunca mais

    Bb7(9) Em7   Eb7(9)
Tetê, não chora Tetê,

    AbM7 G7(13)
Não pede Tetê

      C6 9
Segue em paz

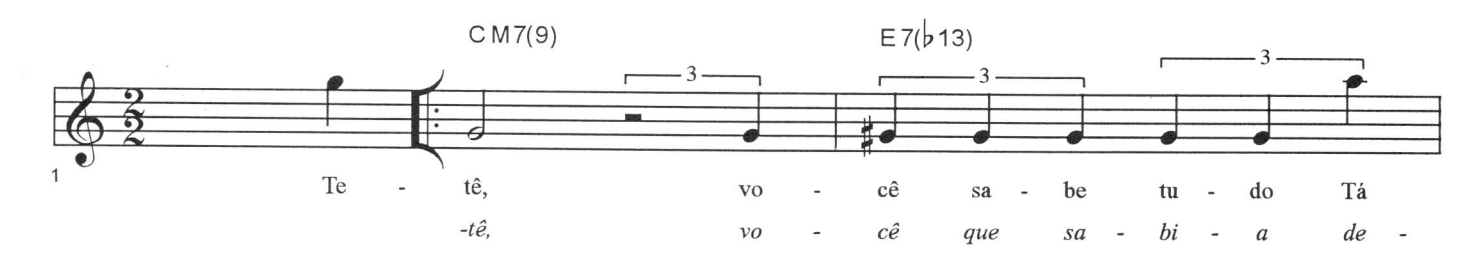

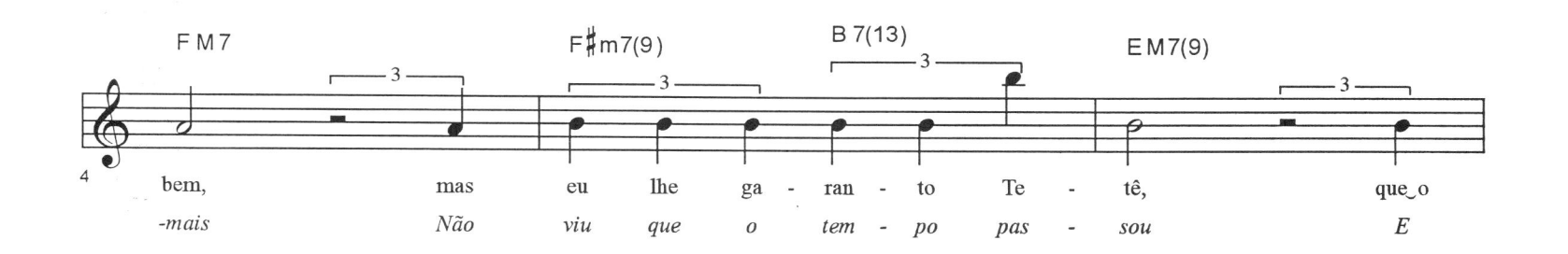

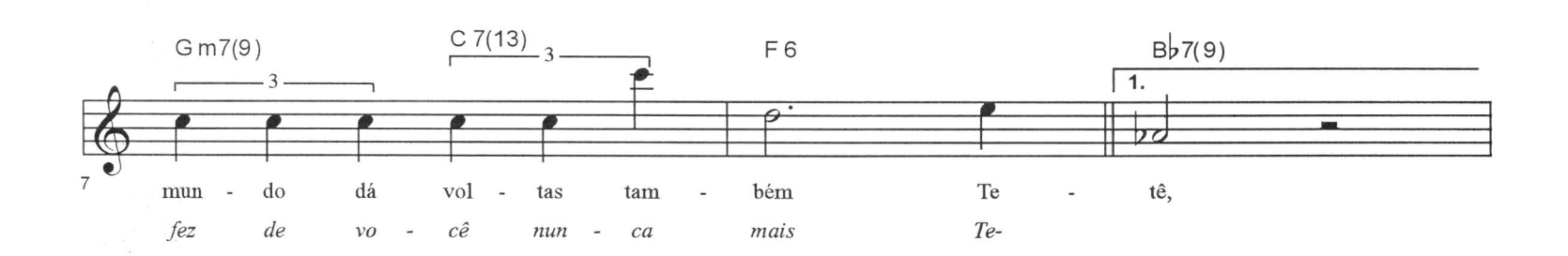

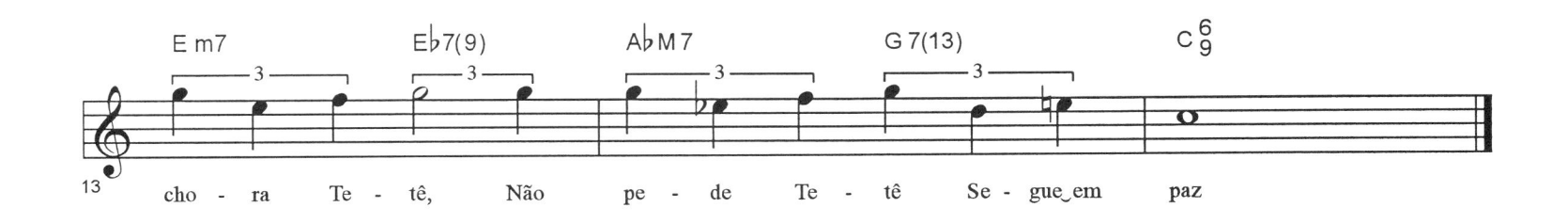

Te - tê,   você sabe tudo Tá
-tê,   você que sabia de-

bem,   mas eu lhe garanto Te - tê,   que o
-mais   Não viu que o tempo passou E

mundo dá voltas também Te - tê,
fez de você nunca mais Te-

ho - je sou eu Quem vai dizer Te - tê,   não

cho - ra Te - tê, Não pede Te - tê Segue em paz

Bye bye Brasil

ROBERTO MENESCAL e
CHICO BUARQUE DE HOLLANDA

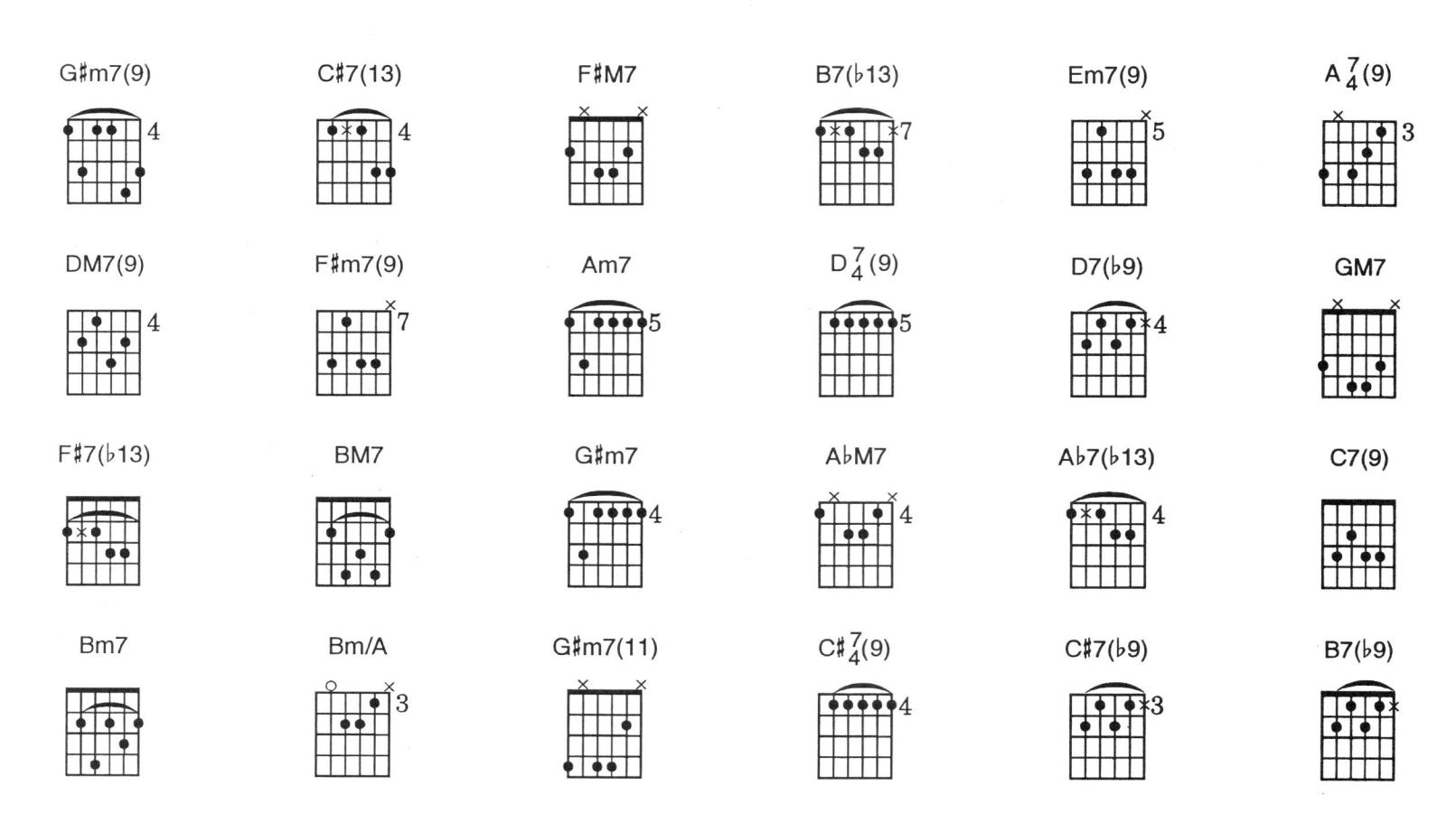

Introdução: **G#m7(9) C#7(13) F#M7 B7(b13)**

```
Em7(9)            A7 4(9)
Oi coração não dá pra falar muito não
       DM7(9)
Espera passar o avião
           F#m7(9)
Assim que o inverno passar
B7(b13)       Em7(9)
Eu acho que vou te buscar
       A7 4(9)
Aqui tá fazendo calor
          Am7
Deu pane no ventilador
         D7 4(9)
Já tem fliperama em Macau
D7(b9)       GM7              F#7(b13)
Tomei a costeira em Belém do Pará
BM7                G#m7
Puseram uma usina no mar
       Am7              D7 4(9)       F#m7(9)  B7(b13)
Talvez fique ruim pra pescar, meu amor
```

```
Em7(9)              A7 4(9)
No Tocantins o chefe dos Parintintins
         DM7(9)
Vidrou na minha calça Lee
         F#m7(9)
Eu vi uns patins pra você
B7(b13)       Em7(9)
Eu vi um Brasil na TV
         A7 4(9)
Capaz de cair um toró
         Am7
Estou me sentindo tão só
D7 4(9)           AbM7
Oh! Tenha dó de mim
Ab7(b13)  GM7          C7(9)
Pin___tou   uma chance legal
      F#m7(9)       Bm7
Um lance lá na capital
Bm/A    G#m7(11)       C#7 4(9) C#7(b9)       F#m7 B7(b9)
Nem tem que ter ginasial,                    meu amor
```

```
    Em(9)                    A7 4(9)
No Tabariz o som é que nem dos Bee Gees

               DM7(9)
Dancei com uma dona infeliz

            F#m7(9)
Que tem um tufão nos quadris

B7(b13)     Em7(9)
 Tem um japonês "trás" de mim

            A7 4(9)
Eu vou dar um pulo em Manaus

         Am7
Aqui tá quarenta e dois graus

           D7 4(9)
O sol nunca mais vai se pôr

         GM7          F#7(b13)
Eu tenho saudade de nossa canção

      BM7          G#m7
Saudades de roça e sertão

         Am7          D7 4(9)   F#m7(9)  B7(b13)
Bom mesmo é ter um caminhão, meu amor


 Em7(9)                    A7 4(9)
Baby bye, bye, abraços na mãe e no pai

          DM7(9)
Eu acho que vou desligar

           F#m7(9)
As fichas já vão terminar

B7(b13)       Em7(9)
 Eu vou me mandar de trenó

         A7 4(9)
Pra rua do sol, Maceió

            Am7
Peguei uma doença em Ilhéus

  D7 4(9)         AbM7
Mas já tô quase bom

Ab7(b13) GM7         C7(9)
 Em      março vou pro Ceará

         F#m7(9)       Bm7
Com a benção do meu orixá

Bm/A   G#m7(11)       C#7 4(9) C#7(b9)   F#M7  B7(b9)
 Eu acho bauxita por lá,              meu amor


 Em7(9)                    A7 4(9)
Bye, bye Brasil, a última ficha caiu

             DM7(9)
Eu penso em vocês night and day

            F#m7(9)
Explica que tá tudo OK

B7(b13)     Em7(9)
 Eu só ando dentro da lei

             A7 4(9)
Eu quero voltar, podes crer

          DM7(9)
Eu vi um Brasil na TV

             F#m7(9)
Peguei uma doença em Belém

B7(b13)     Em7(9)
 Agora já tá tudo bem


             A7 4(9)
Mas a ligação tá no fim

           DM7(9)
Tem um japonês "trás" de mim

           F#m7(9)
Aquela aquarela mudou

B7(b13)       Em7(9)
 Na estrada peguei uma cor

             A7 4(9)
Capaz de cair um toró

            DM7(9)
Estou me sentindo um jiló

            F#m7(9)
Eu tenho tesão é no mar

B7(b13)       Em7(9)
 Assim que o inverno passar

            A7 4(9)
Bateu uma saudade de ti

          DM7(9)
Tô a fim de encarar um siri

             F#m7(9)
Com a benção do Nosso Senhor

B7(b13)     Em7(9)
 O sol nuca mais vai se pôr
```

♩ = 115

Instrumental — G#m7(9) | C#7(13) | F#M7 | B7(b13)

% Em7(9) **Voz** | A7/4(9)

Oi co-ra-ção___ não dá pra fa-lar mui-to não___ Es-pe-ra pas-
No To-can-tins___ o che-fe dos Pa-rin-tin-tins___ Vi-drou na mi-
No Ta-ba-riz___ o som é que nem dos Bee Gees___ Dan-cei com u-ma
Ba-by bye bye a-bra-ços na mãe e no pai___ Eu a-cho que

DM7(9) | F#m7(9) | B7(b13) | Em7(9)

-sar o a-vi-ão___ As-sim que o in-ver-no pas-sar___ Eu a-cho que vou te bus-car___
-nha cal-ça Lee___ Eu vi uns pa-tins pra vo-cê___ Eu vi um Bra-sil na TV___
do-na in-fe-liz___ Que tem um tu-fão nos qua-dris___ Tem um ja-po-nês "trás" de mim___
vou des-li-gar___ As fi-chas já vão ter-mi-nar___ Eu vou me man-dar de tre-nó

A7/4(9) | Am7 **1.**

A-qui tá fa-zen-do ca-lor___ Deu pa-ne no ven-ti-la-dor___ Já tem fli-pe-
Ca-paz de ca-ir um to-ró___ Es-tou me sen-
Eu vou dar um pu-lo em Ma-naus___ A-qui tá qua-ren-ta e dois graus___ O sol nun-ca
Pra ru-a do sol, Ma-cei-ó___ Pe-guei u-ma do-

D7/4(9) | D7(b9) | GM7 | F#7(b13)

-ra-ma em Ma-cau___ To-mei a cos-tei-ra em Be-lém do Pa-rá Pu-
mais vai se pôr___ Eu te-nho sau-da-de de nos-sa can-ção Sau-

BM7 | G#m7 | Am7 | D7/4(9) | F#m7(9) B7(b13)

-se-ram u-ma u-si-na no mar Tal-vez fi-que ruim pra pes-car,___ meu a-mor___
-da-des de ro-ça e ser-tão Bom mes-mo é ter um ca-mi-nhão,___ meu a-mor___

©Copyright 1979 by WARNER CHAPPELL EDIÇÕES MUSICAIS LTDA.
©Copyright 1979 by CARA NOVA EDIÇÕES MUSICAIS LTDA.
Todos os direitos autorais reservados para todos os países. *All rights reserved.*

[Sheet music — "Bye Bye Brasil"]

m. 30–32 (verse 2 / verse 3):
-tin- do tão só Oh! Te- nha dó de mim_____
-en- ça em I- lhéus Mas já tô qua- se bom_____

m. 33–36:
_____ Pin- tou u- ma chan- ce le- gal Um lan- ce lá na ca- pi-
_____ Em mar- ço vou pro Ce- a- rá Com a ben- ção do meu o- ri-

m. 37–41:
-tal Nem tem que ter gi- na- si- al, meu a- mor_____
-xá Eu a- cho bau- xi- ta por lá, meu a- mor_____   Ao 𝄋

3X

m. 42–44:
Bye bye Bra- sil,_____ a úl- ti- ma fi- cha ca- iu_____
tá tu- do bem_____ Mas a li- ga- ção tá no fim_____
-ver- no pas- sar_____ Ba- teu u- ma sau- da- de de ti

m. 45–48:
_____ Eu pen- so em vo- cês night and day_____ Ex- pli- ca que tá tudo OK
_____ Tem um ja- po- nês "trás" de mim A- que- la a- qua- re- la mu- dou_____
_____ Tô a fim de en- ca- rar um si- ri Com a ben- ção do Nos- so Se- nhor_____

m. 49–53:
_____ Eu só an- do den- tro da lei_____ Eu que- ro vol- tar, po- des crer_____ Eu vi um Bra-
_____ Na es- tra- da pe- guei u- ma cor_____ Ca- paz de ca- ir um to- ró_____ Es- tou me sen-
_____ O sol nu- ca mais vai se pôr_____ *Fade out*

m. 54–57:
-sil na TV_____ Pe- guei u- ma do- en- ça em Be- lém_____ A- go- ra já
-tin- do um ji- ló_____ Eu te- nho te- são é no mar_____ As- sim que o in-

Dançar com você

ROBERTO MENESCAL e
PAULO CÉSAR FEITAL

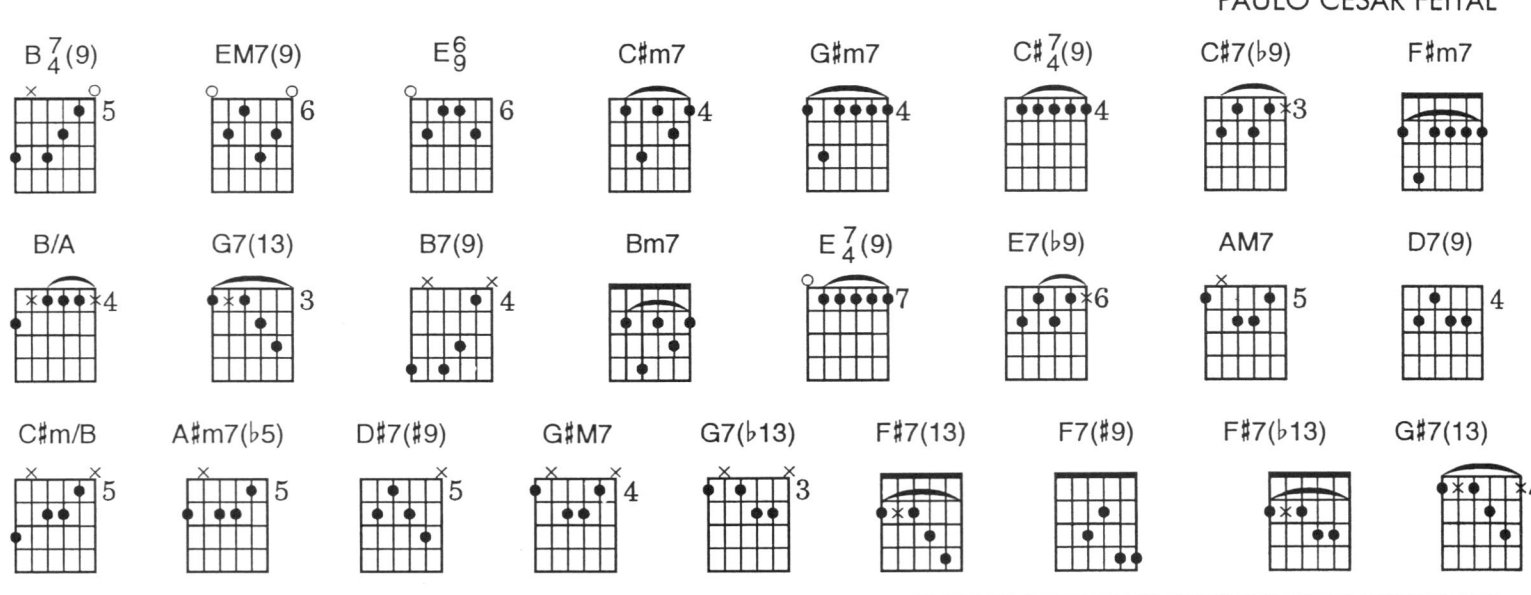

[Chord diagrams: B7/4(9), EM7(9), E6/9, C#m7, G#m7, C#7/4(9), C#7(b9), F#m7, B/A, G7(13), B7(9), Bm7, E7/4(9), E7(b9), AM7, D7(9), C#m/B, A#m7(b5), D#7(#9), G#M7, G7(b13), F#7(13), F7(#9), F#7(b13), G#7(13)]

```
       B7 4(9)         EM7(9)   E6 9
       São onze da noite

       C#m7            G#m7           C#7 4(9)
       Me afogo num copo de Daikiri

       C#7(b9)         F#m7           B7 4(9)
       Procuro teu rosto entre o gelo

              B/A      G#m7   G7(13)
       O rum e o abacaxi

       F#m7  B7 4(9)   EM7(9)  E6 9
       No vidro do copo

       C#m7            G#m7           C#7 4(9)
       Procuro teus olhos de Bacardi

       C#7(b9)         F#m7
       Ficaram na festa

              B7 4(9)  B7(9)   Bm7   E7 4(9)
       De onde triste, eu tive que fugir

       E7(b9)  AM7             D7(9)
       Quando telefonei pra te ver

              G#m7             C#m7   C#m/B
       O teu sim pareceu tão sincero

              A#m7(b5)         D#7(#9)
       Só queria dançar com você
```

```
                G#M7    G7(b13)
       Esse bole___ro

       F#7(13)  F7(#9)  EM7(9)  E6 9
       No    salão de dança

       C#m7            G#m7           C#7 4(9)
       Nos braços de outro zombou de mim

       C#7(b9)         F#m7
       Matou-me a esperança

              B7 4(9)  B7(9)           Bm7  E7 4(9)
       Se vingou ao som de Tom Jobim

       E7(b9)     AM7          Am6
       Sei que errei com você no passado

              G#m7     D7(9)   C#7(b9)
       Te deixei me esperando ao luar

                       F#7(13)
       Foi por timidez

              F#7(b13) B7 4(9)  B/A   G#7(13)  D7(9)
       Por    medo de amar, bailar e sofrer

       C#7 4(9)  C#7(b9)  F#7(13)  F37(b13)  B7 4(9)
       E     hoje que sei dançar no amor

              B7(9)    E6 9
       Dancei com você
```

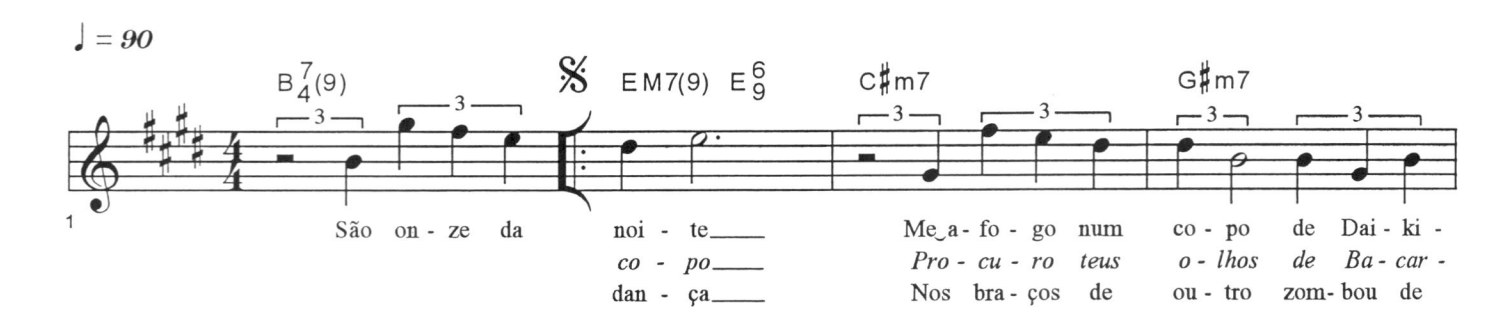

♩ = 90

[Musical notation with chords B7/4(9), EM7(9), E6/9, C#m7, G#m7]

São on-ze da noi- te___ Me a-fo-go num co-po de Dai-ki-
co-po___ Pro-cu-ro teus o-lhos de Ba-car-
dan-ça___ Nos bra-ços de ou-tro zom-bou de

©Copyright 1996 by WARNER CHAPPELL EDIÇÕES MUSICAIS LTDA.
©Copyright 1996 by SICAM - Sociedade Independente de Compositores e Autores Musicais.
Todos os direitos autorais reservados para todos os países. *All rights reserved.*

(1ª vez) B7/4(9) B/A
(2ª,3ª vez) B7/4(9) B7(9)
C#7/4(9) C#7(b9) F#m7
-ri Pro - cu - ro teu ros - to en - tre o ge - lo O rum e o a - ba - ca -
-di Fi - ca - ram na fes - ta De on - de tris - te, eu ti - ve que fu-
mim Ma - tou - me a es - pe - ran - ça Se vin - gou ao som de Tom Jo-
G#m7 G7(13) F#m7 B7/4(9) Bm7 E7/4(9) E7(b9) AM7
1. 2.
-xi No vi - dro do -gir Quan - do te - le - fo - nei pra te
D7(9) G#m7 C#m7 C#m/B A#m7(b5)
ver O teu sim pa - re - ceu tão sin - ce - ro Só que - ri - a dan - çar com vo -
D#7(#9) G#M7 G7(b13) F#7(13) F7(#9)
-cê Es - se bo - le - ro No sa - lão de
Ao % s/ rep. e Φ
Φ Bm7 E7/4(9) E7(b9) AM7 Am6 G#m7 D7(9)
-bim Sei que er - rei com vo - cê no pas - sa - do Te dei - xei me es - pe - ran - do ao lu -
C#7(b9) F#7(13) B7/4(9) B/A G#7(13) D7(9)
-ar Foi por ti - mi - dez Por me - do de a - mar, bai - lar e so - frer
C#7/4(9) C#7(b9) F#7(13) F#7(b13) B7/4(9) B7(9) E6/9
E ho - je que sei dan - çar no a - mor Dan - cei com vo - cê

Benção bossa-nova

ROBERTO MENESCAL,
CARLOS LYRA e
PAULO CÉSAR PINHEIRO

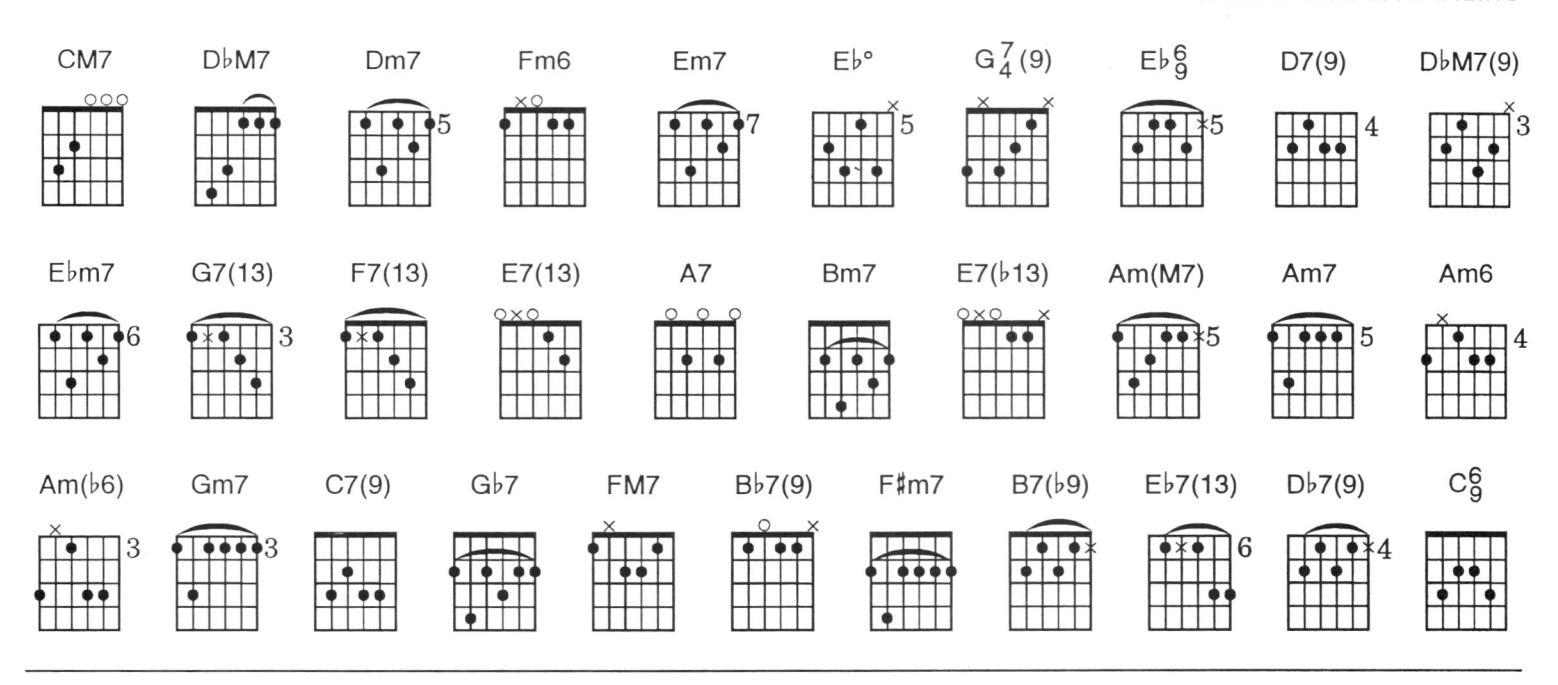

Introdução: CM7 DbM7 Dm7 Fm6 Em7
  Eb Dm7 G4 Eb6 9 D7(9) DbM7(9)

REFRÃO:

BIS {
   CM7   Fm6   Em7 Ebm7   Dm7
Benção bossa-no__va que ninguém
   G7(13)   F7(13)   E7(13) A7 D7(9)
Há de es__quecer
   G7(13)   CM7   Fm6   Em7
Nos seus   quarenta a__nos
   Eb°   Dm7   G7 4(9)   C6 (1. Dm7 G7)
Fiz um sam __ba pra você
}

   Bm7   E7(13)
Foi tanto mestre que eu ouvi
   Bm7   E7(b13)   Am(M7)
Vi __lla, Ravel e Debussy, Bach
Am7   Am6   Am(b6)
Chopin e mui __to mais
   Gm7   C7(9)
Ger __shwin, Sinatra, Cole Porter
   Gm7   Gb7   FM7
E as harmonias que abriram as por__tas
Bb7(9)   FM7
Do coração do jazz
   F#m7
Tri __o Los Panchos, Caballero
   B7(b9)
Lu__cho Gatica, Augustin Lara
   Em7   Eb7(13)
Sam__ba canção é a cara do bole__ro
   Dm7
E é por todo essa influência

   Db7(9)   C69
Que o Rio de Janeiro faz a bos__sa
   Dm7   G7
E canta pro mundo inteiro

Refrão (bis)

   Bm7   E7(13)
Foi tanto mestre que eu ouvi
   Bm7   Eb(13)
Desde Noel, Caymmi e Ari
   Am(M7) Am7   Am6   Am(b6)
Até   Garoto e Pixinguinha
   Gm7   C7(9)
Ah, que saudade a gente sente
   Gm7   Gb7
De Elizeth, Lúcio, Dick
   FM7   Bb7(9)   FM7
E de   Dolores e Silvinha
F#m7   B7(b9)
Tanta lembrança de Ronaldo, Nara,
   Em7   Eb7(13)
Maysa e Aluísyo, Newton Mendonça Elis e Luis Eça
Dm7
Lembro Vinícius pelo verso
Db7(9)
E Tom Jobim pela canção
   C6 9   Dm7   G7
E canto e peço de coração

Refrão (bis)

©Copyright 1997 by ALBATROZ DISCOS LTDA. Adm. NOWA PRODUÇÕES ARTÍSTICAS LTDA.
©Copyright 1997 by MCK PRODUÇÕES ARTÍSTICAS LTDA.
©Copyright 1998 by EDIÇÕES MUSICAIS CORDILHEIRAS LTDA.
Todos os direitos autorais reservados para todos os países. *All rights reserved.*

| C6 | Bm7 | E7(13) | Bm7 |

Foi tan-to mes-tre que eu ou-vi Vi-lla, Ra-vel e
Foi tan-to mes-tre que eu ou-vi Des-de No-el, Ca-

| E7(b13) | Am(M7) Am7 | Am6 | Am(b6) |

De-bus-sy, Bach Cho-pin e mui-to mais Ger-
-y-mmi e A-ry A-té Ga-ro-te e Pi-xin-gui-nha Ah,

| Gm7 | C7(9) | Gm7 | Gb7 | FM7 |

shwin, Si-na-tra, Cole Por-ter E as har-mo-ni-as que a-bri-ram as por-tas
que sau-da-de a gen-te sen-te De E-li-zeth, Lú-cio, Dick E de

| Bb7(9) | FM7 | F#m7 |

Do co-ra-ção do jazz Tri-o Los Pan-chos, Ca-bal-le-ro, Lu-
Do-lo-res e Sil-vi-nha Tan-ta lem-bran-ça de Ro-nal-do, Na-

| B7(b9) | Em7 |

-cho Ga-ti-ca, Au-gus-tin La-ra Sam-ba, can-ção é a ca-ra do bo-le-
-ra, May-sa e A-lu-i-syo New-ton Men-don-ça E-lis e Lu-is E-

| Eb7(13) | Dm7 | Db7(9) |

-ro E é por to-do es-sa in-flu-ên-cia Que o Ri-o de Ja-
-ça Lem-bro Vi-ní-cius pe-lo ver-so E Tom Jo-bim pe-

| C6/9 | Dm7 G7 | Ao 𝄋 (2ª letra) Ao 𝄋 e Fim |

-nei-ro faz a bos-sa E can-ta pro mun-do in-tei-ro
-la can-ção E can-to e pe-ço de co-ra-ção

Fuji samba

ROBERTO MENESCAL

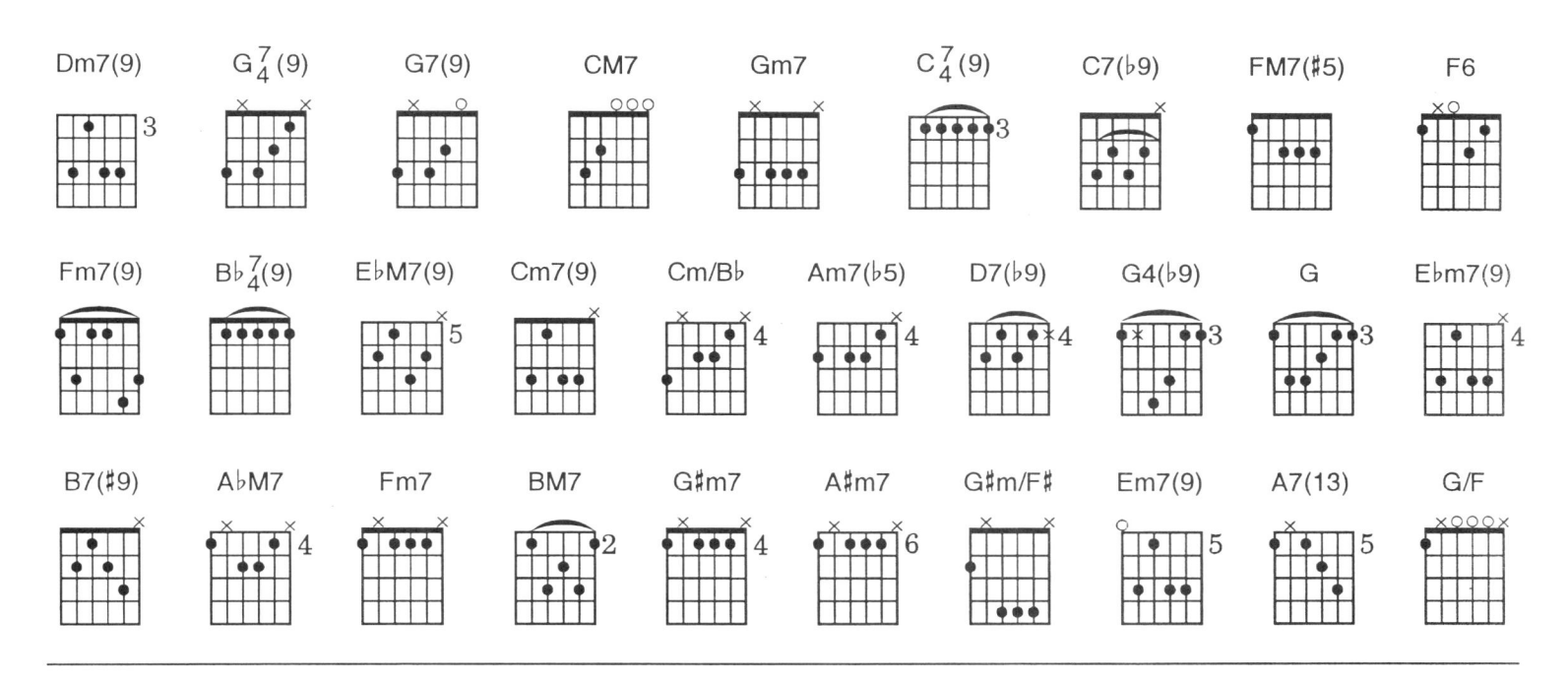

```
         Dm7(9)   G7 4(9)      G7(9)         CM7
Call my name            whenever you need me
         Gm7    C7 4(9)        C7(b9)  FM7(#5)  F6
Call my name          you don't have to cry
       Fm7(9)            Bb7 4(9)
I will show you that my love is true
         EbM7(9)               Cm7(9)
And tell you how much I love you
Cm/Bb          Am7(b5)
You'll never have to wonder
       D7(b9)                 G4(b9)  G
Just wipe the tears from your love

         Dm7(9)   G7 4(9)     G7(9)       CM7
Call my name            I will be here for you
         Gm7    C7 4(9)      C7(b9)    FM7(#5)  F6
Call my name          I'll be right by your side
         Fm7(9)        Bb7 4(9)
Whenever it's a cold rainy day
         EbM7(9)                  Cm7(9)
And you have lost your hope and your dreams
Fm7(9)  Ebm7(9)  Dm7(9)
Call    my       name
G7 4(9)         B7(#9)  CM7
I'll give you all my love
```

```
AbM7
Just close your eyes
Fm7                   Gm7
Remember I'm always close to you
         Fm7
Though you walk in the dark
                        Gm7
You can feel my deep love
BM7
Just close your eyes
G#m7                  A#m7
Believe in your love and my love
         G#m7             G#m/F#
Your heart and mine are one
              G7 4(9)
Love won't fade away
         Dm7(9)  G7 4(9)    G7(9)     CM7
Call my name           wherever you go
         Gm7   C7 4(9)     C7(b9)   FM7(#5)  F6
Call my name         I'll come running to you
       Fm7(9)            Bb7 4(9)
I will show you that my love is true
         Em7(9)             A7(13)
And tell you how much I love you
Fm7(9)  Ebm7(9)  Dm7(9)  G7 4(9)   G/F       Em7(9)  A7(13)
Call    my       name         I'll give you all my love
Fm7(9)  Ebm7(9)  Dm7(9)  G7 4(9)    G7(9)   B7(#9)  CM7
Call    my       name         I'll love you forever
```

Fuji samba

♩ = 90

ROBERTO MENESCAL

Call my name whenever you need me Call my
name I will be here for you Call my
name whe— re-ver you go Call my

name you don't ha-ve to cry I will
name I'll be right by your side Whe-ne-
name I'll come run-ning to you I will

show you that my love is true And tell you how much I lo-ve
-ver it's a cold rai-ny day And you have lost your ho-pe and your

1. you You'll ne-ver have to won-der Just wipe the tears from your love Call my

2. dreams Call my name I'll give you all my love

Just clo-se your eyes Re-mem-ber I'm al-ways close to you____

©Copyright 1996 by ALBATROZ DISCOS LTDA. Adm. NOWA PRODUÇÕES ARTÍSTICAS LTDA..
Todos os direitos autorais reservados para todos os países. *All rights reserved.*

F m7
26
Though you walk in the dark You can feel my deep
G m7
B M7
29
love Just clo - se your eyes
G♯m7
A♯m7
32
Be - lie - ve in your love and my love Your heart
G♯m7
G♯m/F♯
35
and mine are one Lo - ve won't fa - de a - way Call my
Ao 𝄋 s/ rep. e 𝄌
F m7(9)
B♭
39
show you that my love is true And tell
E m7(9)
A 7(13)
F m7(9)
E♭m7(9)
D m7(9)
G/F
41
you how much I lo - ve you Call my name I'll gi - ve you all my
E m7(9)
A 7(13)
F m7(9)
E♭m7(9)
D m7(9)
45
love Call my name
G 7(9)
B 7(♯9)
C M7
48
I'll love you fo - re - ver

A volta

ROBERTO MENESCAL e
RONALDO BÔSCOLI

```
DM7          Bm7(9)        Em7(9)       A7/4(9)      A7(b9)       C#m7(b5)     F#7(b13)     Bm/A         G#m7
C#7(9)       F#M7          D#m7         F#m7         D°           C#7(b9)      F#m7(9)      Am7          D7(9)        GM7
C7/4(9)      F#m7(b5)      C7(9)        B7(b9)       A#°(b13)     E7(9/#11)    A7(9)        D6           G6/D         Gm6/D
```

   DM7   Bm7(9)
Quero ouvir a sua voz
            Em7(9)   A7 4(9)
E quero que a canção seja você
A7(b9) DM7   Bm7(9)
E   quero em cada vez que espero
         C#m7(b5)   F#7(b13)
Desesperar se não te ver
  Bm7 Bm/A G#m7 C#7(9) F#M7   D#m7(9)
É tris__te a solidão   é longe o não te achar
   F#m7   Bm7(9)
Que lindo é o seu perdão
   Em7(9)   A7 4(9)
Que festa é o seu voltar
A7(b9) D°   DM7
Mas quero que você me fale
Bm7(9)   Em7(9)
Que você me cale
         A7 4 (9)
Caso eu perguntar

A7(b9) D°   DM7
Se o que te fez tão linda ainda
Bm7(9) G#m7   C#7(b9)
Foi sua pressa de voltar
   F#m7(9)   Am7 D7(b9)
Levanta e vem correndo
   GM7   C7 4(9) C7(9)
Me abraça e sem sofrer
   F#m7(b5)   B7(b9)
Me beija longamente
   Em7(9)   A7 4(9)
O quanto a solidão
   A#°(b13)   Bm7 E7(9#11)
Precisa pra morrer
   Em7(9)   A7 4(9)
O quanto a solidão
   A7(9)   D6 D° G6/D Gm6/D DM7
Precisa pra morrer

♩ = 42

DM7 | Bm7(9) | Em7(9) | A7/4(9) A7(b9)
Que-ro ou-vir a su-a voz E que-ro que a can-ção se-ja vo-cê E

DM7 | Bm7(9) | C#m7(b5) | F#7(b13)
que-ro em ca-da vez que es-pe-ro De-ses-pe-rar se não te ver É

©Copyright 1976 by IRMÃOS VITALE S/A Ind. e Com. - São Paulo - Brasil.
Todos os direitos autorais reservados para todos os países. *All rights reserved.*

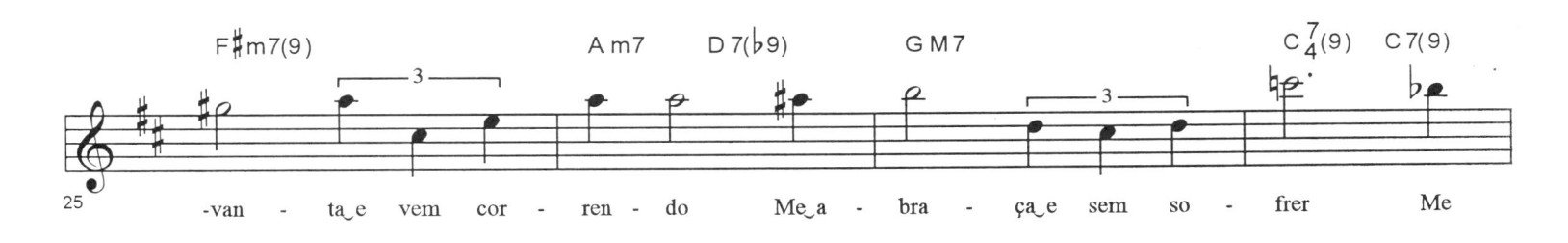

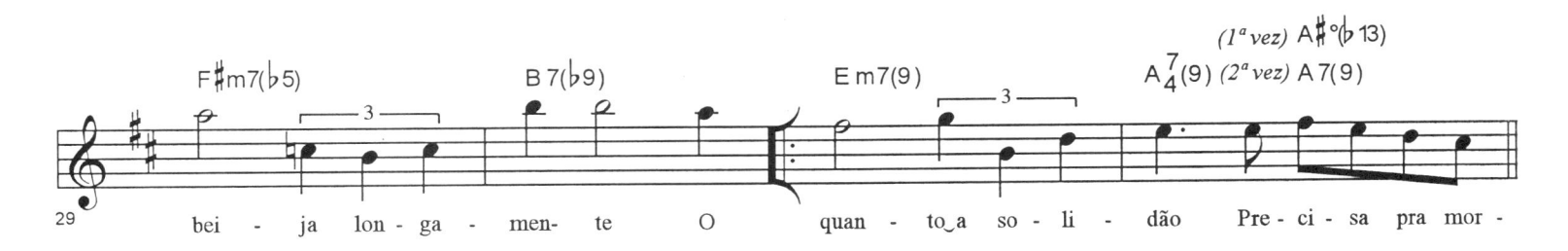

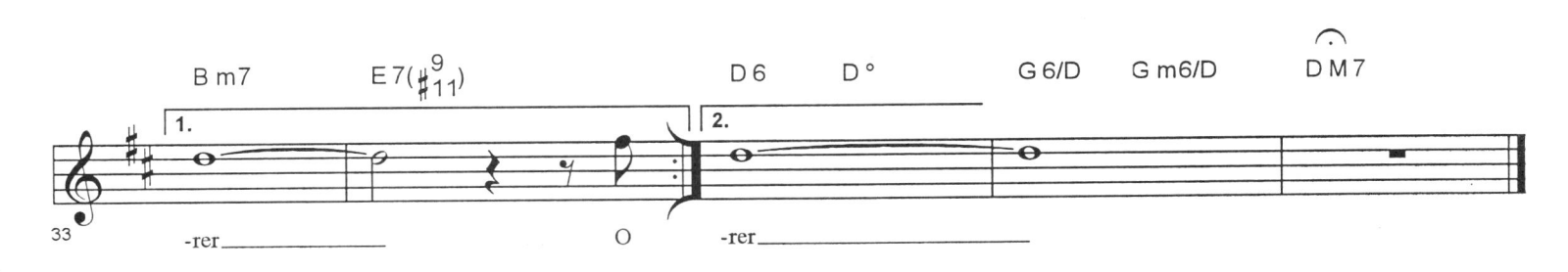

tris - te a so - li - dão é lon - ge o não te a - char Que
lin - do é o seu per - dão Que fes - ta é o seu vol - tar Mas
que - ro que vo - cê me fa - le Que vo - cê me ca - le Ca - so eu per - gun - tar Se o
que te fez tão lin - da a - in - da Foi su - a pres - sa de vol - tar Le -
-van - ta e vem cor - ren - do Me a - bra - ça e sem so - frer Me
bei - ja lon - ga - men - te O quan - to a so - li - dão Pre - ci - sa pra mor -
-rer _____ O -rer _____

O Brasil precisa balançar

ROBERTO MENESCAL e
PAULO CÉSAR PINHEIRO

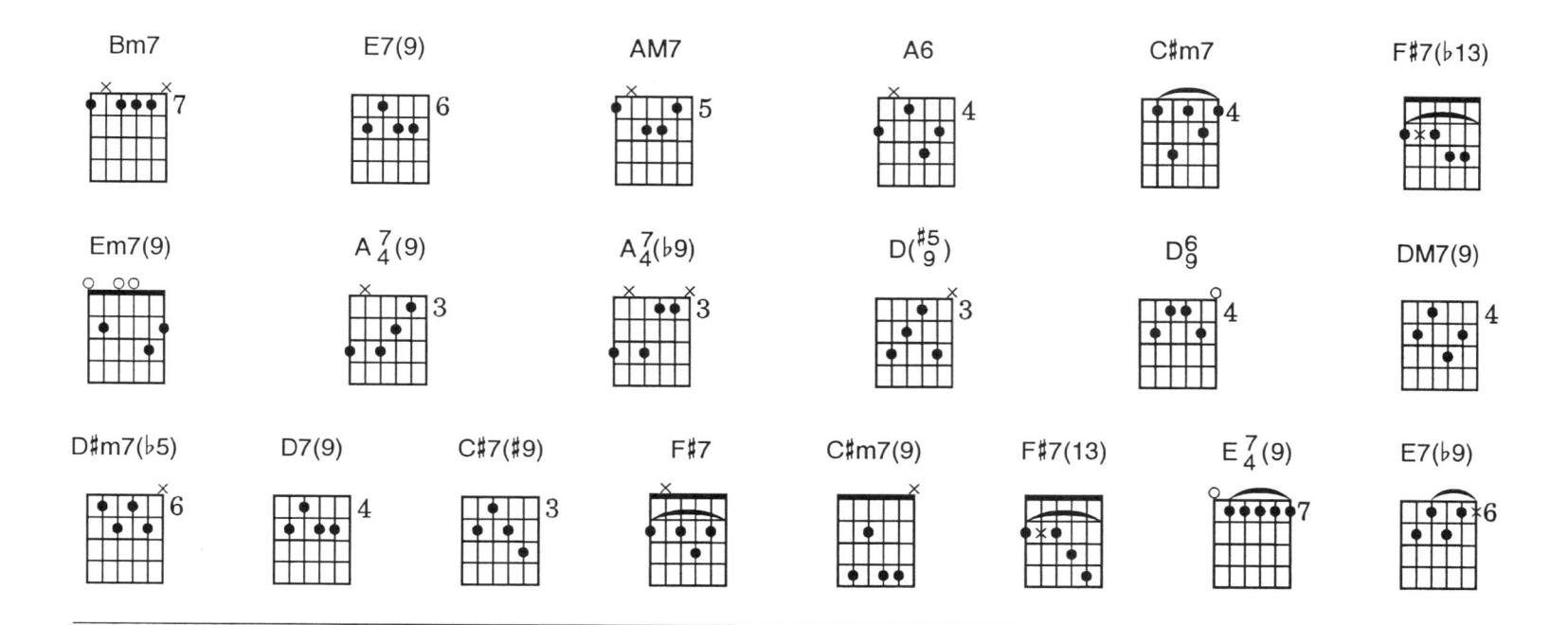

[Chord diagrams: Bm7, E7(9), AM7, A6, C#m7, F#7(b13), Em7(9), A7/4(9), A7/4(b9), D(#5/9), D6/9, DM7(9), D#m7(b5), D7(9), C#7(#9), F#7, C#m7(9), F#7(13), E7/4(9), E7(b9)]

    Bm7   *E7(9)*
Se você tem dom
   Bm7   *E7(9)*   *AM7*
Pro ritmo que o samba tem
A6 *C#m7*   *F#7(b13)* *Bm7*
Vem logo pra esse samba vem
E7(9) *Bm7*   *E7(9)* *AM7* *C#m7*
Brasil precisa balançar

F#7(b13) *Bm7*   *E7(9)*
Entra nesse tom
   Bm7   *E7(9)*   *AM7*
Só danço o samba assim com alguém
A6 *C#m7*   *F#7(b13)* *Bm7*
No samba que balança bem
E7(9) *Bm7*   *E7(9)* *AM7*
Na bossa que o balanço dá

  A6   *Em7(9)*
Esse é que é o som
 A7 4(9)   *A7 4(b9)* *D(#5 9)* *D6 9* *DM7(9)*
O som do coração também

   D6 9   *D#m7(b5)*
Basta acompanhar
   D7(9)   *C#7(#9)*
Melhor que o coração não há
       F#7(b13) *F#7*
Pr'um bom samba

  Bm7   *E7(9)*
Que samba bom
  Bm7   *E7(9)*
Porque que ninguém vê
     C#m7(9) *F#7(13)*
Me diga então
  C#m7(9)   *F#7(13)*
Você que samba bem
     D#m7(b5)
Se o sam___ba é bom
  E7 4(9)   *E7(b9)* *A6*
Porque que ninguém quer sambar

Se você tem dom____ Pro ri-t-mo que o samba tem____
nes-se tom____ Só dan-ço o samba as-sim com al-guém____

Vem lo-go pra es-se samba vem____ Bra-sil pre-ci-sa ba-lan-çar____
No samba que ba-lan-ça bem____ Na bos-sa que o ba-lan-ço dá____

En - tra   Es-se é que é o som____ O

som do co-ra-ção tam-bém____ Bas-ta a-

-com-pa-nhar____ Me-lhor que o co-ra-ção não há____ Pr'um bom sam-ba____ Que

samba bom____ Por-que que nin-guém vê Me di - da en-tão Vo-

-cê que samba bem Se o sam-ba é bom Por-que que nin-guém quer sam-bar____

Você

ROBERTO MENESCAL e
RONALDO BÔSCOLI

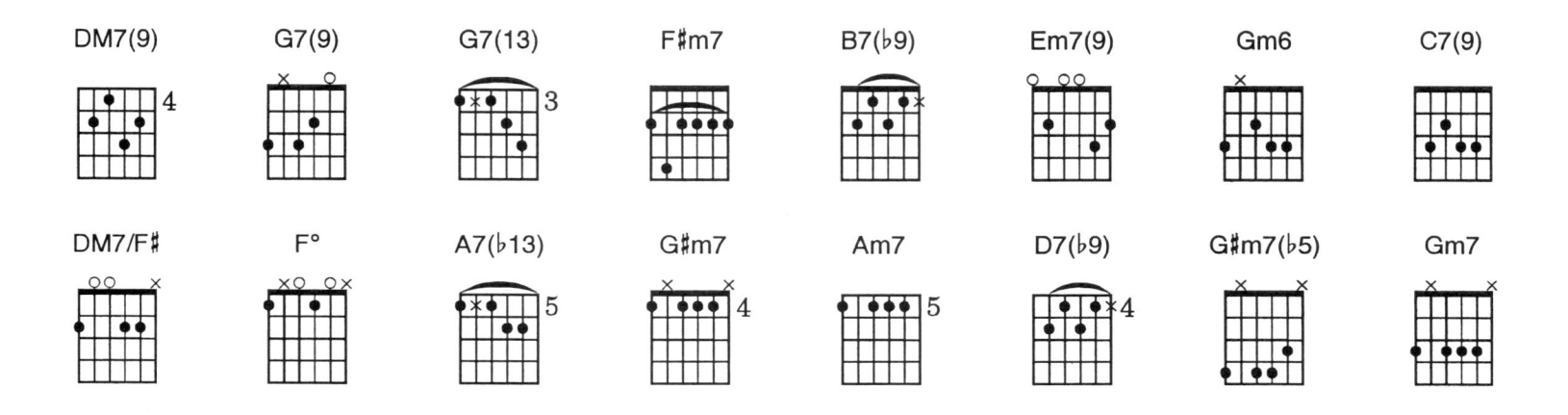

[Chord diagrams: DM7(9), G7(9), G7(13), F#m7, B7(b9), Em7(9), Gm6, C7(9), DM7/F#, F°, A7(b13), G#m7, Am7, D7(b9), G#m7(b5), Gm7]

DM7(9)
Você, manhã de tudo meu

G7(9)
Você, que cedo entardeceu

DM7(9)   G7(13)
Você, de quem a vi__da eu sou

F#m7   B7(b9)
E sei, mais eu serei

Em7(9)
Você, um beijo bom de sal

Gm6   C7(9)
Você, de cada tar__de vã

DM7/F#   F°   Em7(9) A7(b13)
Virá sorrindo de manhã

DM7(9)
Você, um riso rindo à luz

G7(9)
Você, a paz de céus azuis

DM7(9)   G7(13)   F#m7 G#m7 Am7 D7(b9)
Você, sereno bem   do amor em mim

G#m7(b5)   Gm7 Gm6
Você, tristeza que eu   criei

DM7/F#   F°   Em7(9)
Sonhei, você pra mim

A7(b13)   DM7(9)
Vem mais pra mim, mas só

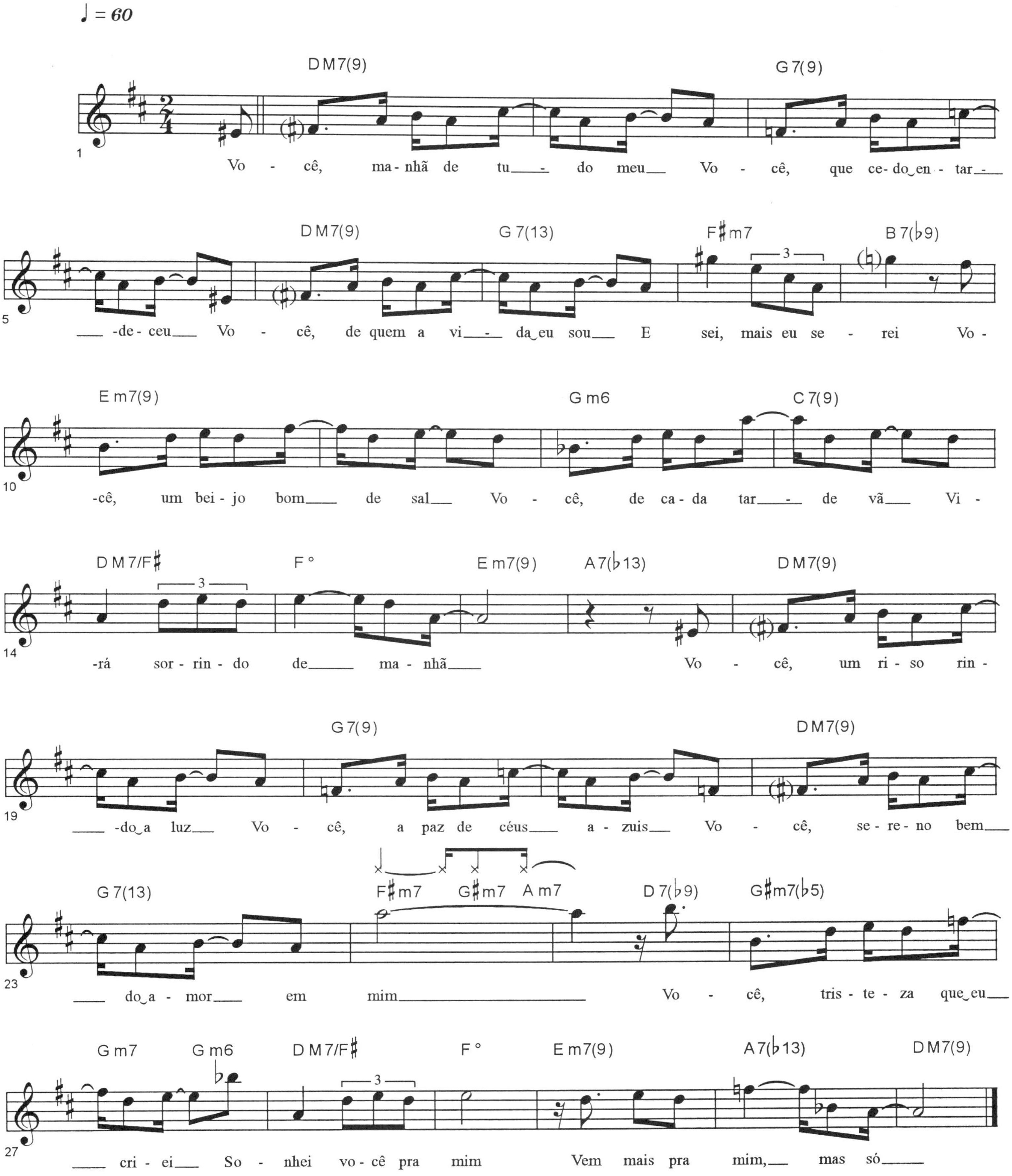
♩ = 60
DM7(9) G7(9)
Vo - cê, ma-nhã de tu - do meu Vo - cê, que ce-do‿en - tar -
DM7(9) G7(13) F♯m7 B7(♭9)
-de-ceu Vo - cê, de quem a vi - da‿eu sou E sei, mais eu se - rei Vo -
Em7(9) Gm6 C7(9)
-cê, um bei-jo bom de sal Vo - cê, de ca-da tar - de vã Vi -
DM7/F♯ F° Em7(9) A7(♭13) DM7(9)
-rá sor-rin-do de ma-nhã Vo - cê, um ri-so rin -
G7(9) DM7(9)
-do‿a luz Vo - cê, a paz de céus a - zuis Vo - cê, se-re-no bem
G7(13) F♯m7 G♯m7 Am7 D7(♭9) G♯m7(♭5)
do‿a - mor em mim Vo - cê, tris - te - za que‿eu
Gm7 Gm6 DM7/F♯ F° Em7(9) A7(♭13) DM7(9)
cri - ei So - nhei vo-cê pra mim Vem mais pra mim, mas só

Nós e o mar

ROBERTO MENESCAL e
RONALDO BÔSCOLI

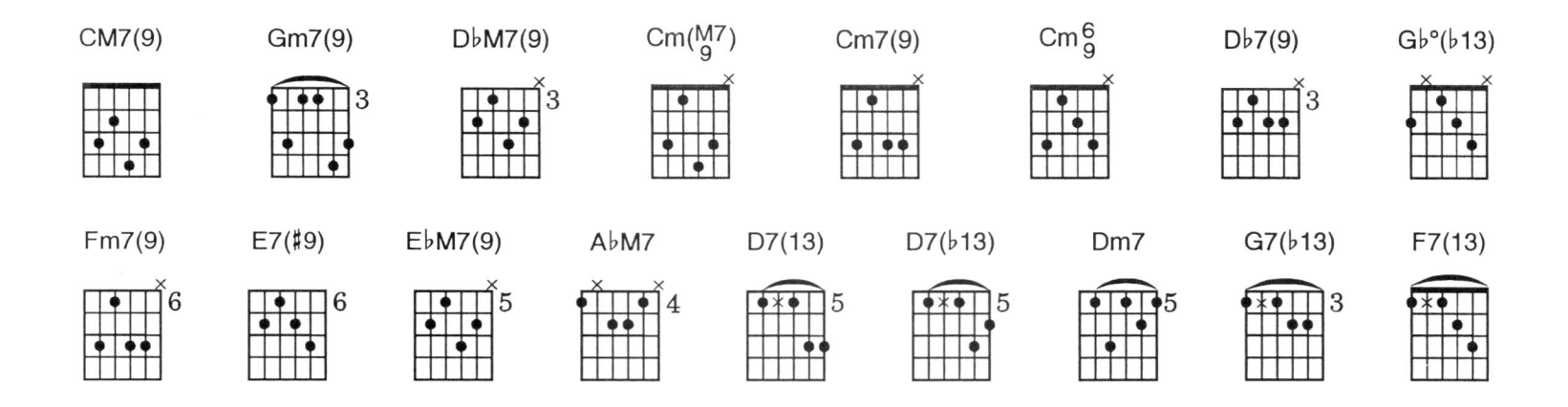

```
CM7(9)    Gm7(9)    DbM7(9)   Cm(M7/9)  Cm7(9)   Cm6/9   Db7(9)   Gb°(b13)

Fm7(9)    E7(#9)    EbM7(9)   AbM7      D7(13)   D7(b13)  Dm7     G7(b13)   F7(13)
```

```
    CM7(9)  Gm7(9)        CM7(9)   Gm7(9)
Lá   se  vai mais um dia assim
            CM7(9)               DbM7(9)
     E a vontade que não tenha fim
            CM7(9)  Gm7(9)
     Esse sol
    CM7(9)  Gm7(9)       CM7(9)    Gm7(9)
     E    viver  ver chegar ao fim
            CM7(9)               DbM7(9)
     Essa onda que cresceu morreu
             CM7(9)  Gm7(9)
     A seus pés

         Cm7(M7 9)  Cm7(9)  Cm6(9)
     E olhar
                    Db7(9)
     Pro céu  que é tão bonito
            Cm7(M79) Cm7(9)  Gb°(b13)
     E olhar
                   Fm7(9)              E7(#9)
     Pra esse olhar perdido nesse mar azul
            EbM7(9)  Fm7(9)
     Uma onda  nasceu
            Gm7(9)     AbM7   D7(13)  D7(b13)
     Calma desceu sorrin____do
   Dm7  G7(b13)  Cm(M7 9)  F7(13)
     Lá vem vindo

    CM7(9)  Gm7(9)        CM7(9)   Gm7(9)
     Lá   se  vai mais um dia assim
            CM7(9)                 DbM7(9)
     Nossa praia que não tem mais fim
            CM7(9)  Gm7(9)
     Acabou
    CM7(9)  Gm7(9)       CM7(9)    Gm7(9)
     Vai   subindo uma lua assim
              CM7(9)           DbM7(9)  CM7(9)  Gm7(9)
     E a camélia que flutua nu___a no  céu
```

Lá__ se vai__ mais um di-a_as-sim__ E_a von-
E__ vi-ver__ ver che-gar ao fim Es-sa

-ta-de que não te-nha fim__ Es-se sol pés
on-da que cres-ceu mor-reu__ A seus

E_o - lhar__ Pro céu que_é tão bo - ni - to__ E_o-

-lhar__ Pra es-se_o-lhar per - di-do nes-se mar a - zul__ U - ma

on-da nas-ceu Cal-ma des-ceu sor - rin - do__ Lá vem vin-do__

Lá__ se vai__ mais um di-a_as-sim__ Nos - sa
Vai__ su - bin - do_u-ma lu-a_as-sim__ E_a ca-

prai - a que não tem mais fim__ A - ca-bou
-mé - lia que flu - tu - a nu__ a no céu

©Copyright 1981 by WARNER CHAPPELL EDIÇÕES MUSICAIS LTDA.
Todos os direitos autorais reservados para todos os países. *All rights reserved.*

A morte de um deus de sal

ROBERTO MENESCAL e
RONALDO BÔSCOLI

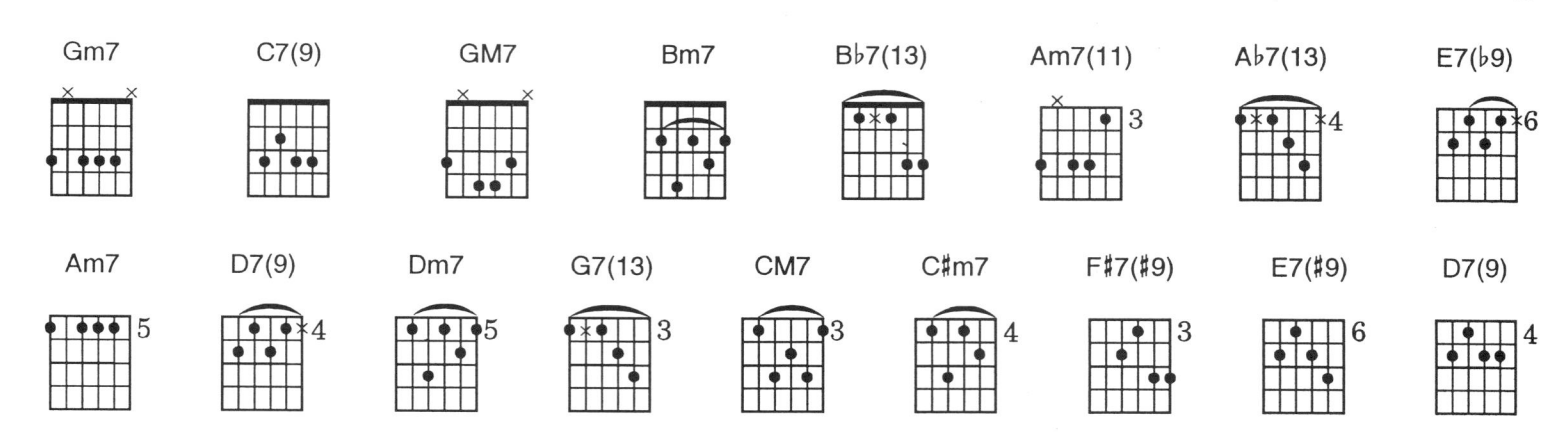

```
Gm7        C7(9)       Gm7
Fim, morreu João, João do mar
            C7(9)              Gm7
Deus quem quis levar, quem levou pro fim
       C7(9)             Gm7
Um Deus do mar que outro deus matou
         C7(9)            GM7 C7(9) GM7 C7(9)
Que pescar, pescou, mas que não voltou
Bm7    Bb7(13)      Am7(11)    Ab7(13)
Amanheceu e o azul do mar trouxe então
Bm7    E7(b9)   Am7     D7(b9)
Um deus de sal com um peixe na mão
Bm7    Bb7(13)      Am7(11)    Ab7(13)
Ela entendeu, olhou João e abraçou
```

```
Bm7       E7(b9)  Am7     D7(b9)
E nos seus olhos o sol mais brilhou
Dm7        G7(13)      CM7
Dizem que um peixe de prata
C#m7   F#7(#9)      Bm7 E7(#9) Am7 D7(9)
Brigou demais pra não morrer  e    então
Bm7    Bb7(13)      Am7(11)    Ab7(13)
João lutou, barco virou, mar levou
           Bm7      E7(b9)
Mar pra João era irmão
        Am7      D7(b9)
Era o céu, era o pão

Fim, morreu João, João do mar (etc.)
```

♩ = 140

©Copyright 1976 by IRMÃOS VITALE S/A Ind. e Com. - São Paulo - Brasil.
Todos os direitos autorais reservados para todos os países. *All rights reserved.*

| Bm7 | Bb7(13) | Am7(11) | Ab7(13) |

A - ma - nhe - ceu e o a - zul do mar trou - xe en - tão
E - la en - ten - deu, o - lhou Jo - ão e a - bra - çou

| Bm7 | E7(b9) | Am7 | D7(b9) |

Um deus de sal com um pei - xe na mão
E nos seus o - lhos o sol mais bri - lhou

| Dm7 | G7(13) | CM7 |

Di - zem que o pei - xe de pra - ta_____

| C#m7 | F#7(#9) | Bm7 E7(#9) | Am7 D7(9) |

Bri - gou de - mais pra não mor - rer e en - tão

| Bm7 | Bb7(13) | Am7(11) | Ab7(13) |

Jo - ão lu - tou, bar - co vi - rou, mar le - vou Mar pra Jo -

| Bm7 | E7(b9) | Am7 | D7(b9) | Gm7 |

-ão e - ra ir - mão E - ra o céu, e - ra o pão Fim, mor - reu Jo -
fim Um Deus do

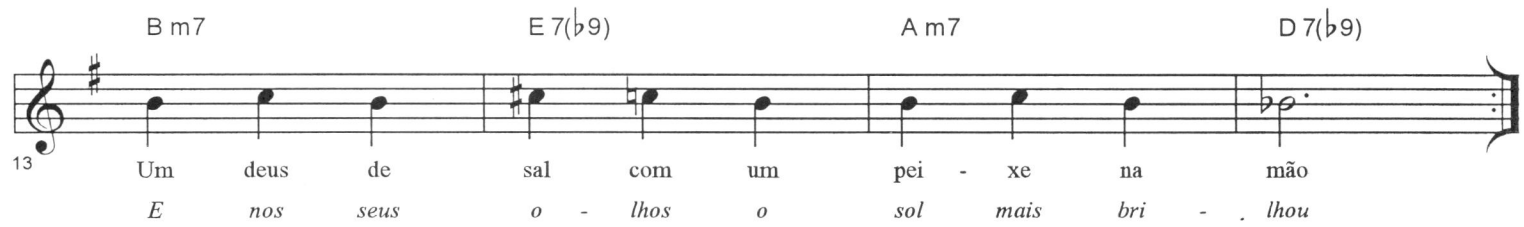

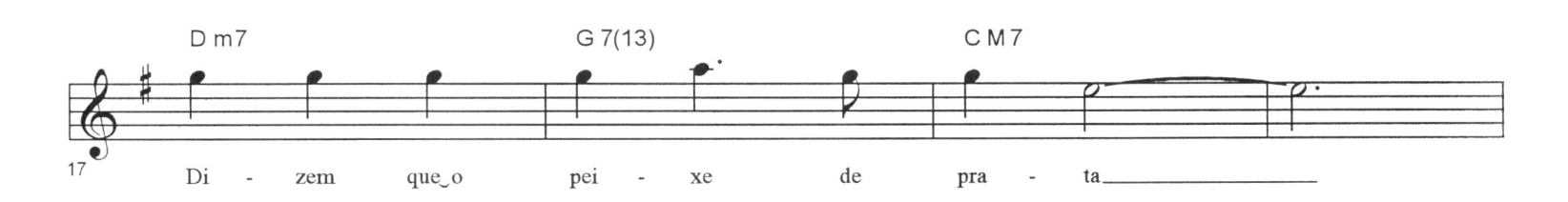

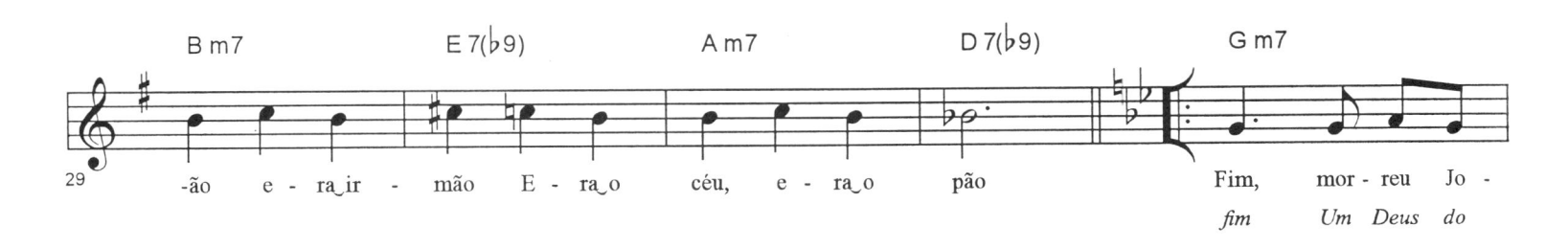

| C7(9) | Gm7 | C7(9) | Gm7 |

-ão, João do mar Deus quem quis le - var, quem le - vou pro
mar que ou - tro deus ma - tou Que pes - car, pes - cou, mas que não vol - tou

Nara

ROBERTO MENESCAL e
JOYCE

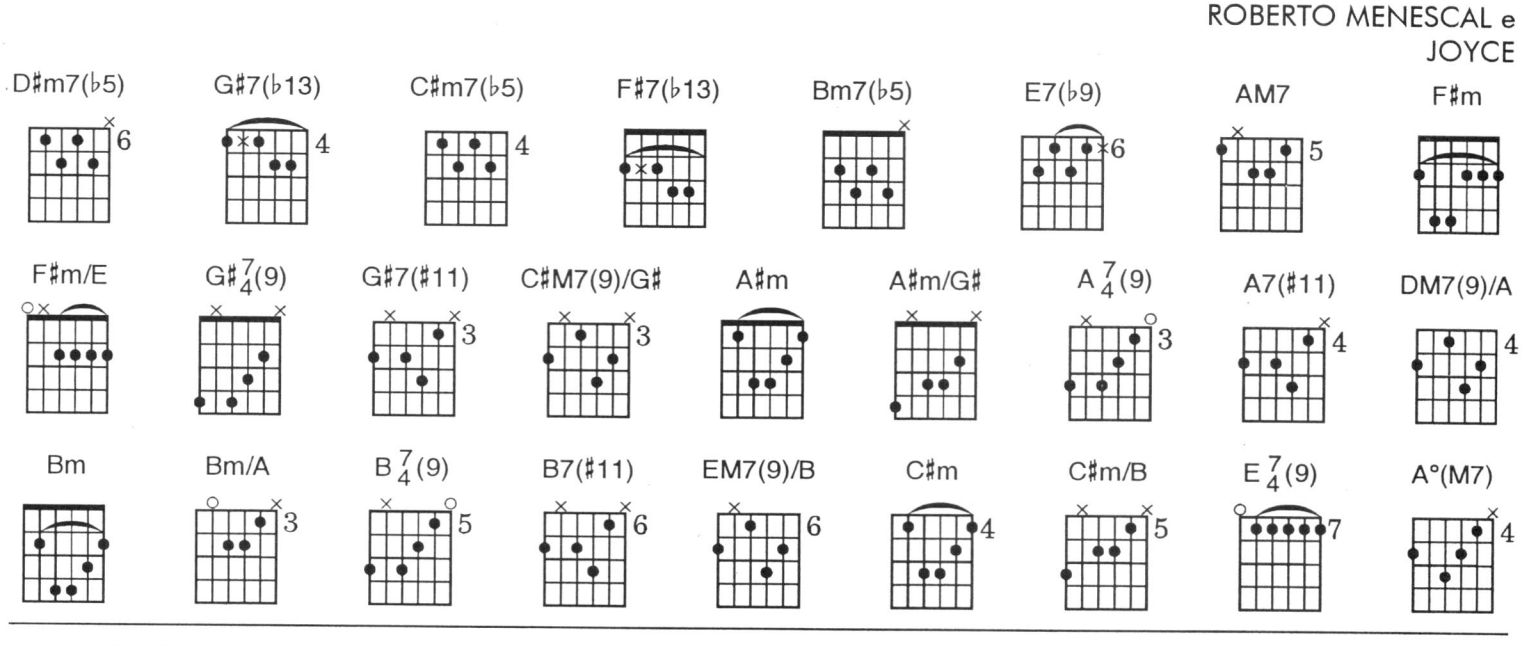

D#m7(b5)
Paira

G#7(b13)   C#m7(b5)
A lua tonta sobre o mar do Leme

F#7(b13)   Bm7(b5)
E estende gentilmente as asas pálidas

E7(b9)   AM7   F#m F#m/E
Anunciando que já está na hora

D#m7(b5)
Chora

G#7(b13)   C#m7(b5)
Copacabana em luzes imprecisas

F#7(b13)   Bm7(b5)
Delicadezas piscam feito lágrimas

E7(b9)   AM7
Brilhando mansamente a luz da aurora

F#m   F#m/E   G#7 4(9)
Na paisagem de Nara

G#7(#11)   C#M7(9)/G# A#m
Há músicas de todos os matizes

A#m/G#   A7 4(9)
Nas cores de Nara

A7(#11)   DM7(9)/A
O Rio amanhecendo em mil canções

Bm   Bm/A   B7 4(9)
Nas manhãs de Nara

B7(#11)   EM7(9)/B C#m
Recordações de tempos tão felizes

C#m/B   G#7 4(9)
Os   sonhos

G#7(#11)   C#M7(9)/G#
Que alimentaram nossas gerações

E7 4(9)   D#m7(b5)
Oh!   Nara

G#7(b13)   C#m7(b5)
Mil sambas, mil poetas te bendizem

F#7(b13)   Bm7(b5)
E ecoam de Ipanema às margens plácidas

E7(b9)   A°(M7)
Iluminando o céu da Guanabara

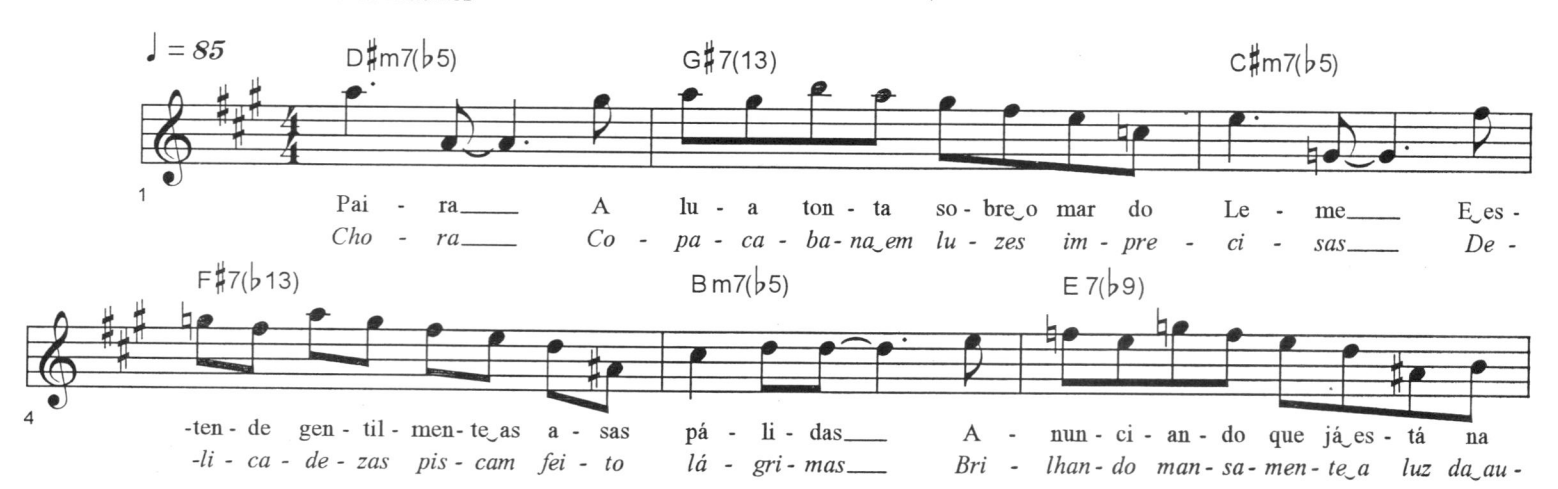

♩ = 85

Pai-ra___ A lu-a ton-ta so-bre o mar do Le-me___ E es-
Cho-ra___ Co-pa-ca-ba-na em lu-zes im-pre-ci-sas___ De-

-ten-de gen-til-men-te as a-sas pá-li-das___ A-nun-ci-an-do que já es-tá na
-li-ca-de-zas pis-cam fei-to lá-gri-mas___ Bri-lhan-do man-sa-men-te a luz da au-

©Copyright 1997 by ALBATROZ DISCOS LTDA. Adm. NOWA PRODUÇÕES ARTÍSTICAS LTDA.
©Copyright 1998 by FEMININA EDIÇÕES MUSICAIS LTDA.
Todos os direitos autorais reservados para todos os países. *All rights reserved.*

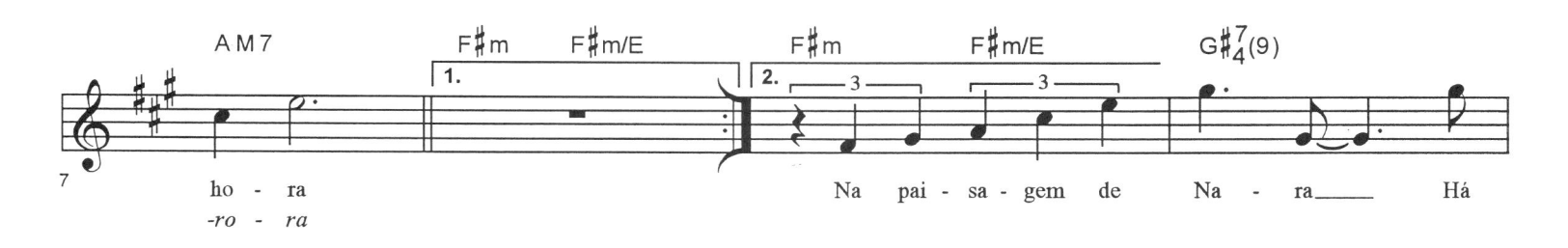

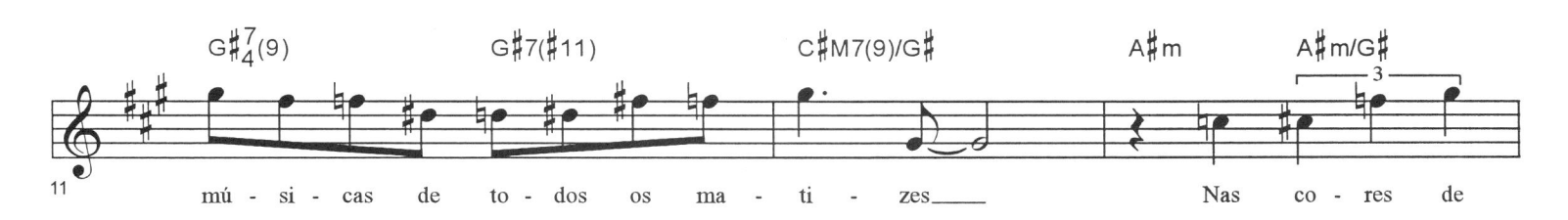

hora / -ro - ra

Na pai-sa-gem de Na-ra___ Há

mú-si-cas de to-dos os ma-ti-zes___ Nas co-res de

Na-ra___ O Rio a-ma-nhe-cen-do em mil can-ções Nas ma-nhãs de

Na-ra___ Re-cor-da-ções de tem-pos tão fe-li-zes___ Os

so-nhos___ Que a-li-men-ta-ram nos-sas ge-ra-ções Oh!

Na-ra___ Mil sam-bas, mil po-e-tas te ben-di-zem___ E e-

-co-am de I-pa-ne-ma às mar-gens plá-ci-das___ I-lu-mi-nan-do o céu da Gua-na-ba-ra___

Japa

ROBERTO MENESCAL e
PAULO CÉSAR FEITAL

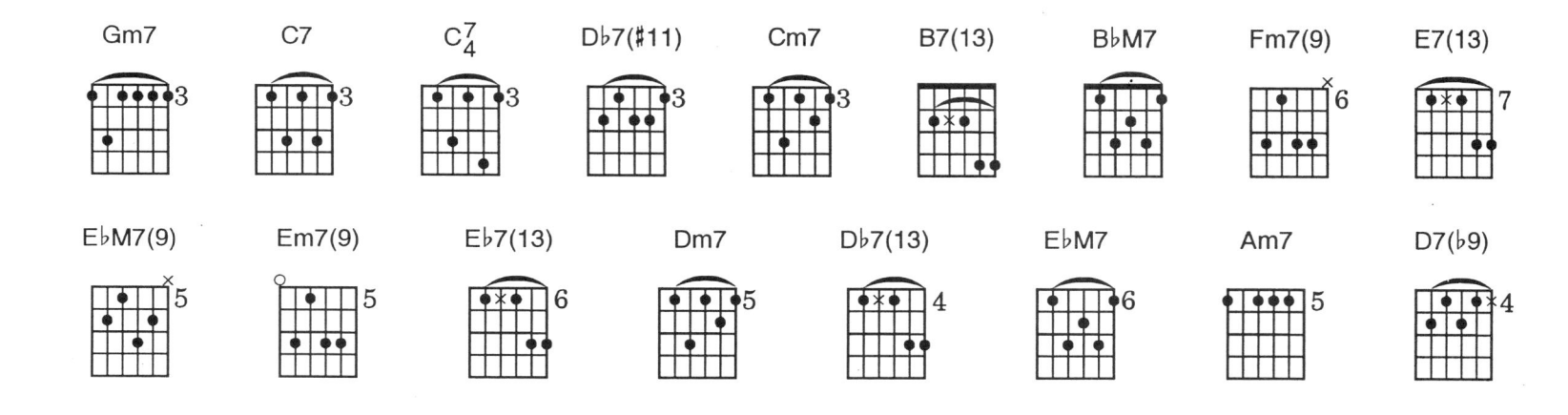

Chord diagrams: Gm7, C7, C7/4, Db7(#11), Cm7, B7(13), BbM7, Fm7(9), E7(13), EbM7(9), Em7(9), Eb7(13), Dm7, Db7(13), EbM7, Am7, D7(b9)

<code>
Gm7   C7
Peixe frito com cacha_ça
                    Gm7
E um bom tutu de feijão
         C7
Os japas   tão gostando
Gm7   C7
Sashimi, saquê, arroz
                 Gm7
E dois pauzinhos na mão
     C7 4   C7
E a gen__te também

Gm7   C7
Taka e Sakuma to_cam
                Gm7
Cavaquinho e surdão
       C7
Os japas tão sambando
   Gm7   C7
A gen__te s'Yamaha e Hon__da
                   Gm7
O som que vem do Japão
     Db7(9)
Hai...

       Cm7   B7(13)   BbM7
  Som   da felicida__de no meu portão
     Fm7(9)   E7(13)   EbM7(9)
Bair__ro da Liberda__de, micro Japão
    Em7(9)   Eb7(13)
É   tão bonito um   gol do Zico
</code>

<code>
      Dm7   Db7(13)
Na   Mitsubishi do   Hiroito
    Cm7   B7(13)   BbM7
El__za Soares é japonesa ou não?
     EbM7   Am7   D7(b9)
Ban__zai,   vai...

Gm7   C7
No Japão Kashima é
                 Gm7
A sucursal do Mengão
        C7
Os japas tão jogando
Gm7
Baseball, judô,
     C7   Gm7
Brasil   é filial do Japão
       C7
E a gen__te também
Gm7   C7
Lá no Gantois tem ja__pa
              Gm7
Que é Ogã de salão
         C7
Os japas tão baixando
Gm7   C7
A gente s'Yamaha e Hon__da
                   Gm7
O som que vem do Japão
</code>

♩ = 66

Opcional: cantar uma 8ª abaixo

Pei- xe fri- to com ca- cha- ça E um bom tu- tu de fei- jão___ Os ja- pas tão gos- tan- do Sa- shi- mi, sa- quê ar- roz___ E dois pau- zi- nhos na mão___
Ta- ka e Sa- ku- ma to- cam Ca- va- qui- nho e sur- dão___ Os ja- pas tão sam- ban- do A gen- te s'Ya- ma- ha e Hon- da O som que vem do Ja- pão___
No Japão Ka- shi- ma é___ A su- cur- sal do Men- gão___ Os ja- pas tão jo- gan- do Ba- se- ball, ju- dô, Bra- sil é fi- li- al do Ja- pão___
Lá no Gan- to- is tem ja- pa Que é O- gã de sa- lão___ Os ja- pas tão bai- xan- do A gen- te s'Ya- ma- ha e Hon- da O som que vem do Ja- pão___

1. E a gen- te tam- bém___
2. E a gen- te tam- bém___ Hai___ *Fim* Som da fe- li- ci- da- -de no meu por- tão

Bair- ro da Li- ber- da- de, mi- cro Ja- pão___

É___ tão bo- ni- to um___ gol do Zi- co Na Mi- tsu- bi- shi do Hi- ro- i- to El-

-za So- a- res é___ ja- po- ne- sa ou não?___ Ban- zai, vai___

Ao ％ e Fim

©Copyright 1996 by WARNER CHAPPELL EDIÇÕES MUSICAIS LTDA.
Todos os direitos autorais reservados para todos os países. *All rights reserved.*

Vai de vez

ROBERTO MENESCAL e
LULA FREIRE

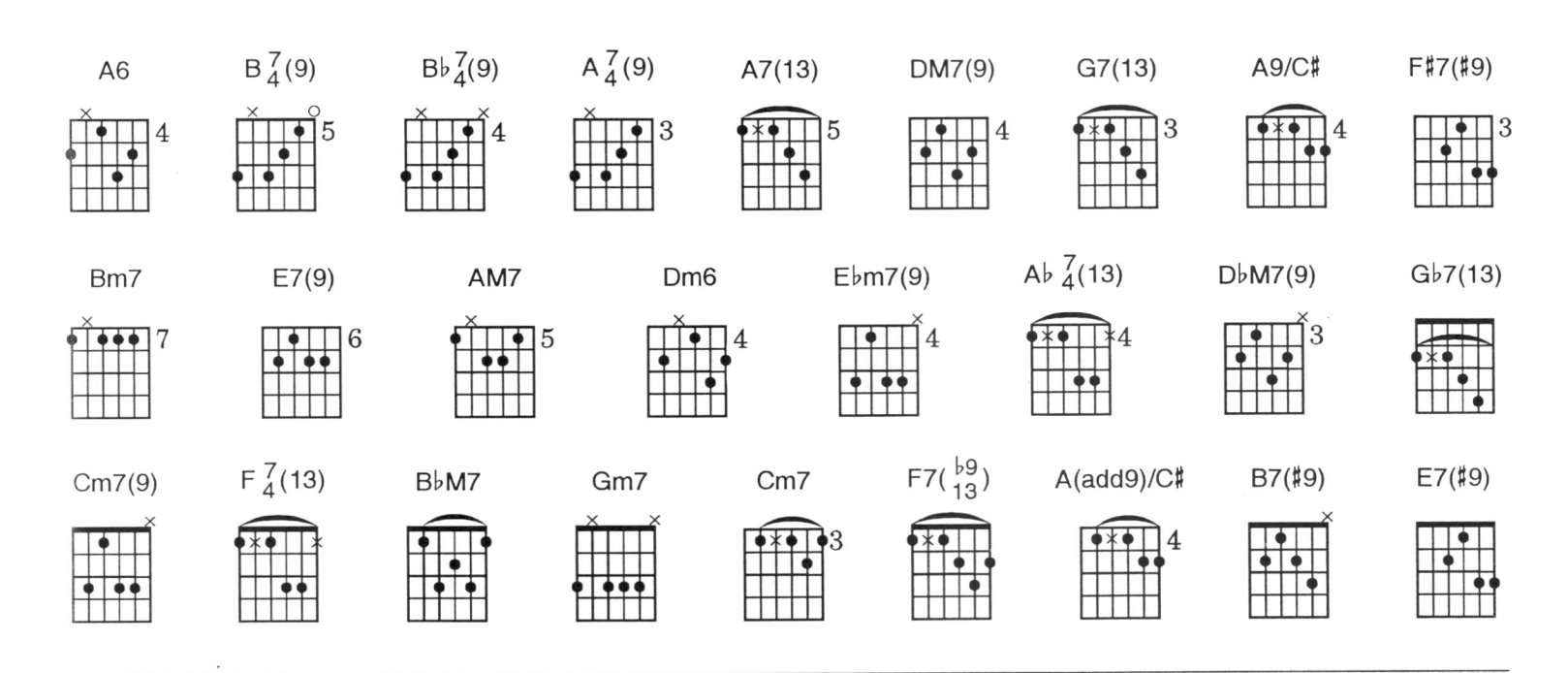

A6   B7/4(9)   Bb7/4(9)   A7/4(9)   A7(13)   DM7(9)   G7(13)   A9/C#   F#7(#9)

Bm7   E7(9)   AM7   Dm6   Ebm7(9)   Ab7/4(13)   DbM7(9)   Gb7(13)

Cm7(9)   F7/4(13)   BbM7   Gm7   Cm7   F7(b9/13)   A(add9)/C#   B7(#9)   E7(#9)

```
A6         B7(4 9)  Bb7(4 9)  A7(4 9)    A7(13)
   Olha só quem já vem      vindo aí
DM7(9)              G7(13)
   Fingindo que nem percebeu
            A(add9)/C#  F#7(#9)    Bm7    E7(9)
   Que estou aqui,      se estou,    ele tem que ver
AM7        Dm6            A6
   Já faz tempo que cheguei
            B7(4 9)  Bb7(4 9)  A7(4 9)    A7(13)
   Já senti que    vai pas__sar por mim
DM7(9)              G7(13)
   Seu tempo vai passar também
            A(add9)/C#  F#7(#9)    Bm7    E7(9)
   Melhor assim,     os dois   ficam sem ninguém
AM7        Dm6            A6
   Vamos ver quem vai sofrer

      Ebm7(9)              Ab7 (4 13)
   Pena que sei que ele vai vai de vez
DbM7(9)   Gb7(13)       DbM7(9)
   Não vê, pois ele é mesmo demais
      Cm7(9)
   Tem qualquer coisa
```

```
            F7 (4 13)
   Não posso esquecer
      BbM7          Gm7            Cm7       F7(b9 13)
   Se me arrepender o que é que eu vou fazer?
BbM7                A7(4 9)  A7(13)
   Na verdade não vou resistir
DM7(9)              G7(13)
   É tempo de voltar atrás
            A(add9)/C#  F#7(#9)
   Espere aí,      vem cá
Bm7        E7(9)
   Vamos juntos sós

        A(add9)/C#    F#7(#9)
     Pois é,        vem cá
        B7(#9)      E7(#9)
     Juntos vamos nós
BIS {
        A(add9)/C#    F#7(#9)
     Espere aí,     vem cá
        B7(#9)      E7(#9)
     Vamos juntos sós
```

♩ = 130

Olha só quem já vem vindo aí_____ Fingindo que nem percebeu_____ Que estou aqui, se estou, ele tem que ver
Já senti que vai passar por mim_____ Seu tempo vai passar também_____ Melhor assim, os dois ficam sem ninguém
resistir_____ É tempo de voltar atrás_____ Espere aí, vem cá Vamos juntos sós

Já faz tempo que cheguei
Vamos ver quem vai sofrer
Já faz tempo que cheguei

Pena que sei que ele vai vai de vez_____ Não vê, pois ele é mesmo demais_____ Tem qualquer coisa Não posso esquecer_____ Se me arrepender o que é que eu vou fazer?_____ Na verdade não vou

Pois é, vem cá Juntos vamos nós Espere aí, vem cá Vamos juntos sós

©Copyright 1986 by WARNER CHAPPELL EDIÇÕES MUSICAIS LTDA.
©Copyright 1976 by IRMÃOS VITALE S/A Ind. e Com. - São Paulo - Brasil.
Todos os direitos autorais reservados para todos os países. *All rights reserved.*

Rio que vai, Rio que vem

ROBERTO MENESCAL e
PAULO CÉSAR FEITAL

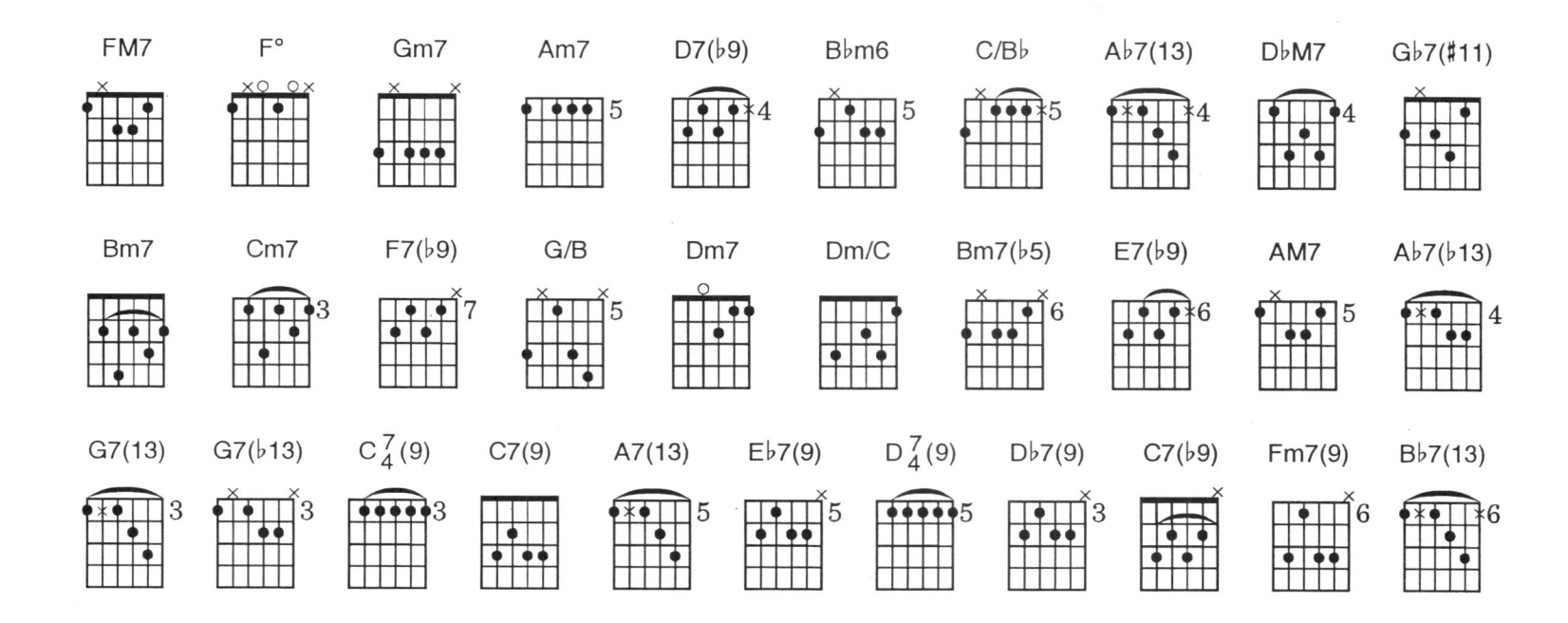

FM7   F°   Gm7   Am7   D7(♭9)   B♭m6   C/B♭   A♭7(13)   D♭M7   G♭7(♯11)

Bm7   Cm7   F7(♭9)   G/B   Dm7   Dm/C   Bm7(♭5)   E7(♭9)   AM7   A♭7(♭13)

G7(13)   G7(♭13)   C7/4(9)   C7(9)   A7(13)   E♭7(9)   D7/4(9)   D♭7(9)   C7(♭9)   Fm7(9)   B♭7(13)

   FM7   F°
Dizem que Deus cansou de amém
     Gm7   Am7 D7(♭9)
Do trabalho do além
Gm7   B♭m6
Você não tem stress meu bem?
C/B♭   Am7   A♭7(13) D♭M7 G♭7(♯11)
Deus tam__bém
FM7   F°
Vem pegar sol, vai pro Leblon
    Gm7   Am7 D7(♭9)
Joga até frescobol
Gm7   B♭m6
Gosta de som de futebol
C/B♭   Am7 Bm7 Cm7 F7(♭9)
Do Men__gão

  G/B   B♭m6
Samba no pé na Beija-Flor
Am7   Dm7 Dm/C
Falam que é bom compositor
Bm7(♭5)   E7(♭9)
No céu até dizem que é
      AM7 A♭7(♭13) G7(13) G♭7(♯11)
Bom can__tor

  FM7   F°
Rio que vai, Rio que vem
    Gm7   Am7 D7(♭9)
Afluente do além
Gm7
Casa do pai
       B♭m6   C/B♭   Am7 Bm7 Cm7 F7(♭9)
Deus já não vai   quando   vem

G/B   B♭m6
Fez de água e sal, tão natural
Am7   Dm7
Esse local que abençoou
G7(13)   G7(♭13)
Pra desfru__tar
C7 4(9) C7(9)   A7(13) E♭7(9) D7 4(9) D7(♭9)
Do que ele mesmo cri__ou
G7(13)   D♭7(9) C7 4(9)
Pra descan__sar   seu filho
C7(♭9)   Fm7(9) B♭7(13) Fm7(9) B♭7(13)
Seu Redentor

♩ = 75

| FM7 | F° | Gm7 | Am7 D7(b9) |

Di - zem que Deus___ can - sou de_a - mém Do tra - ba - lho do_a - lém
Vem pe - gar sol,___ vai pro Le - blon Jo - ga_a - té fres - co___ bol
Ri - o que vai,___ Ri - o que vem A - flu - en - te do_a - lém

| Gm7 | Bbm6 | C/Bb (1ª vez) Am7 Ab7(13) DbM7 Gb7(#11) |
| | | (2ª vez) Am7 Bm7 Cm7 F7(b9) |

Vo - cê não tem___ s - tress meu bem?___ Deus tam - bém___
Gos - ta de som___ de fu - te - bol___ Do Men - gão___
Ca - sa do pai___ Deus já não vai___ quan - do vem___

| G/B | Bbm6 | Am7 | Dm7 Dm/C |

Sam - ba no pé___ na Bei - ja - Flor___ Fa - lam que é bom___ com - po - si - tor___
Fez de_á - gua_e sal,___ tão na - tu - ral___ Es - se lo - cal___ que_a - ben - ço - ou___

| Bm7(b5) | E7(b9) | AM7 Ab7(13) G7(13) Gb7(#11) | Ao 𝄋 s/ rep. e ⊕ |

No céu a - té___ di - zem que é Bom can - tor

| G7(13) | G7(b13) | C7/4(9) C7(9) | A7(13) Eb7(9) D7/4(9) D7(b9) |

Pra des - fru - tar___ do que_e - le mes___ - mo cri - ou

| G7(13) | Db7(9) | C7/4(9) C7(b9) | Fm7(9) Bb7(13) Fm7(9) Bb7(13) | D.C.

Pra des - can - sar___ seu fi - lho se___ re - den - tor___

©Copyright 1996 by WARNER CHAPPELL EDIÇÕES MUSICAIS LTDA.
©Copyright 1996 by ALBATROZ DISCOS LTDA. Adm. NOWA PRODUÇÕES ARTÍSTICAS LTDA.
Todos os direitos autorais reservados para todos os países. *All rights reserved.*

Além da imaginação

ROBERTO MENESCAL e
RONALDO BÔSCOLI

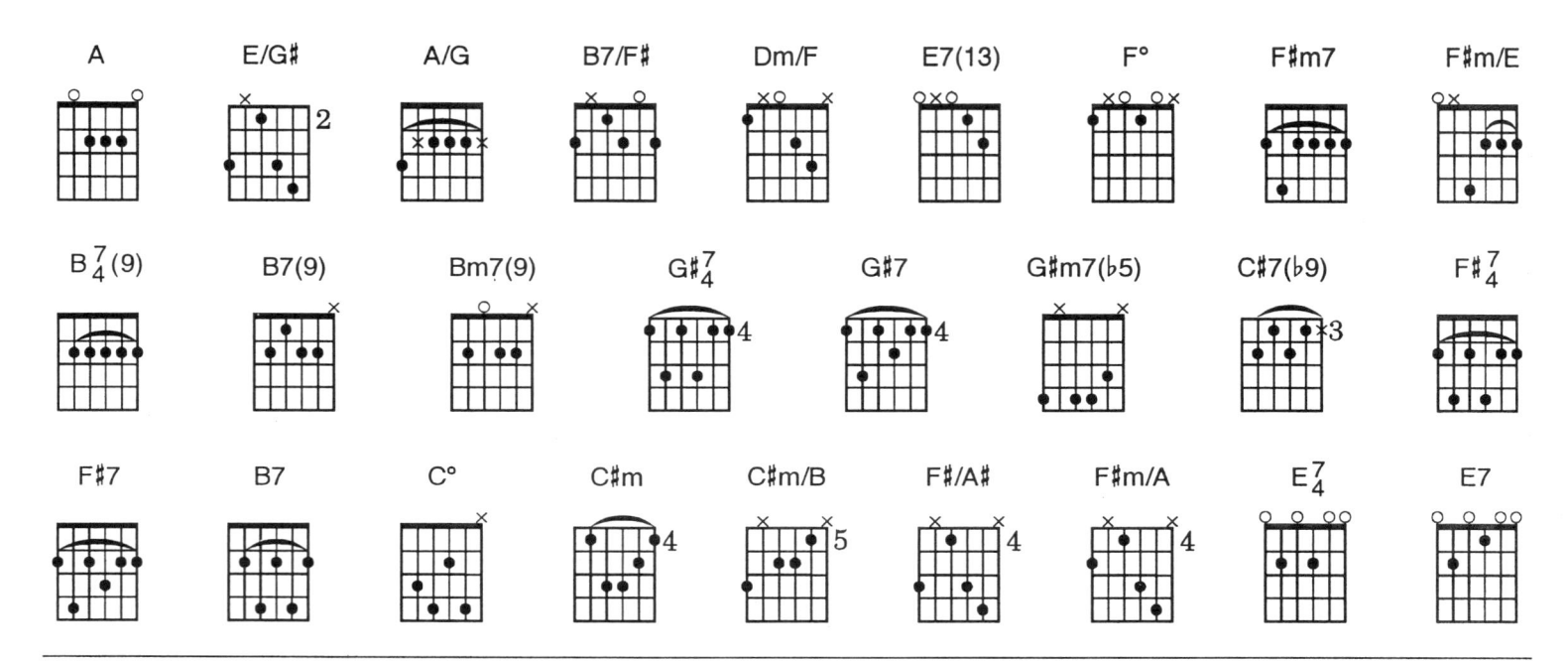

```
       A          E/G#
       Seu rosto calmo encontrou

    A/G          B7/F#
    A paz que é feita de amor

Dm/F    E7(13)  F°  F#m7    F#m/E
Dormiu     de_pois de sonhar

B7 4(9)  B7(9)  Bm7(9)  E7(13)  F°
E a tarde a noite apagou


       A          E/G#
       Seus olhos morrem depois

    A/G          B7/F#
    E vão sozinhos os dois

Dm/F    E7(13)  F°  F#m7  F#m/E
Tri_____lhando em calma

B7 4(9)  B7(9)  Bm7(9)   E7(13)  F°
Voltando alegres pra mim


   F#m7            G#7 4   G#7
       Ah! Quem me de____ra

G#m7(b5)  C#7(b9)   F#7 4  F#7
   Saber  de   so___nhos

B7      C°     C#m     C#m/B
Se são tristonhos

          F#/A#   F#m/A  G#7 4  G#7
Caminho sós   e seus


      A          E/G#
      Voltasse a noite pra mim

   A/G         B7/F#      Dm/F
   Cantasse tudo de mim

        E7(13)  F°  F#m7   B7(9)   Bm7(9)
   Disses___se apenas       te amou

        E7 4   E7     A
   Depois  dor__miu
```

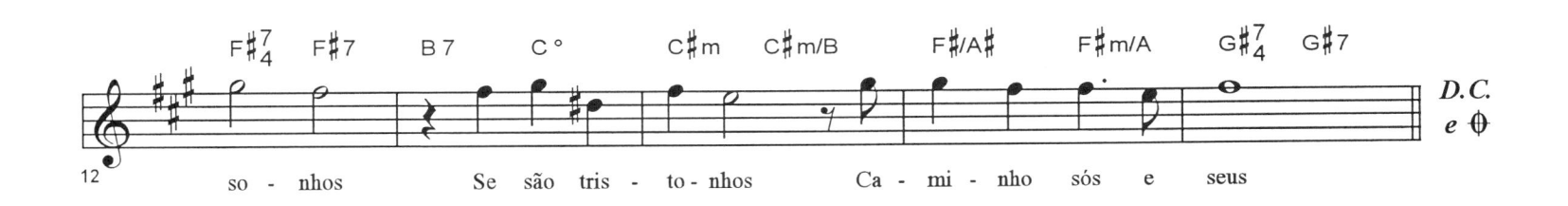

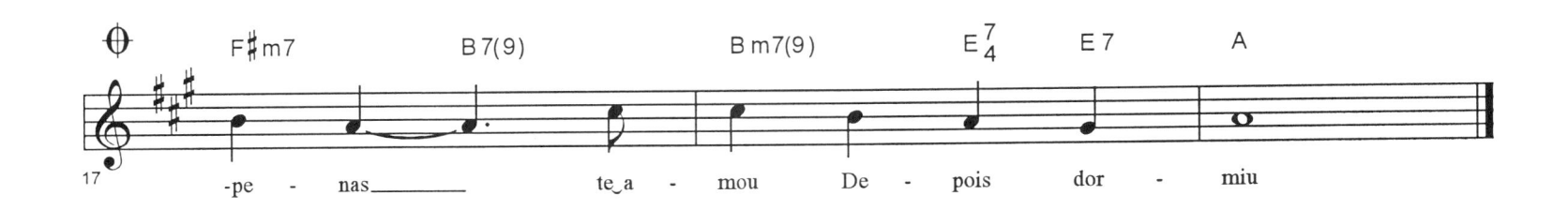

♩ = 90

Seu ros-to cal----mo en-con-trou A paz que é
Seus o-lhos mor----rem de-pois E vão so-
Vol-tas-se a noi----te pra mim Can-tas-se

fei----ta de a-mor Dor-miu de-pois----de so-nhar E a tar-de a
-zi----nhos os dois Tri-lhan-do em cal----ma Vol-tan-do a-
tu----do de mim Dis-ses-se a-

noi----te a-pa-gou Ah! Quem me de-ra Sa-ber de
-le----gres pra mim

so-nhos Se são tris-to-nhos Ca-mi-nho sós e seus

-pe-nas____ te a-mou De-pois dor-miu

©Copyright 1981 by WARNER CHAPPELL EDIÇÕES MUSICAIS LTDA.
Todos os direitos autorais reservados para todos os países. *All rights reserved.*

Errinho à toa

ROBERTO MENESCAL e
RONALDO BÔSCOLI

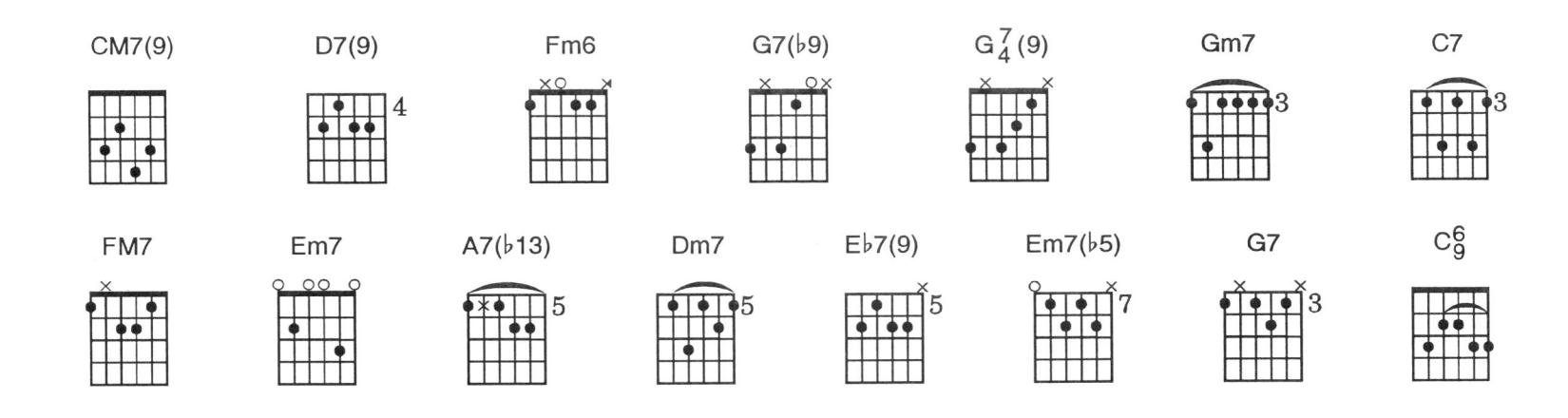

    CM7(9)   *D7(9)*   *Fm6*
Pensa, não fa__ça, me abra__ça
    CM7(9)   *G7(b9)*
Que tu___do vai passar
 CM7(9)   *D7(9)*
Amor, não custa na__da amar
      Fm6 *G7 4(9)*   *Gm7*
É só deixar, querer, é se entregar

C7   *FM7*   *Em7*
Aconteceu sim, mas me perdo__a
A7(b13) *Dm7* *Eb7(9)* *D7(9)*   *Dm7*
Eu tropecei, errinho à to__a
  G7 4(9) *G7(b9)* *CM7(9)*
E para nos seus bra___ços
        Em7(b5)
Morrer de abra____ços
A7(b13)   *D7(9)*
Erro de no___vo
      Dm7 *G7*   *C6 9*
Pra ter certe__za de que sou seu

♩ = 80
CM7(9) D7(9)
Pen - sa, não fa - ça, me a - bra -
Fm6 CM7(9) G7(♭9)
- ça Que tu - do vai pas - sar
CM7(9) D7(9) Fm6
A - mor, não cus - ta na - da a - mar É só dei - xar que - rer,
G7/4(9) Gm7 C7 FM7
é se en - tre - gar A - con - te - ceu sim,
Em7 A7(♭13) Dm7 E♭7(9) D7(9)
mas me per - do - a Eu tro - pe - cei, er - ri - nho à to -
Dm7 G7/4(9) G7(♭9) CM7(9) Em7(♭5)
- a E pa - ra nos seus bra - ços Mor - rer de a - bra - ços
A7(♭13) D7(9) Dm7 G7 C6/9
Er - ro de no - vo Pra ter cer - te - za de que sou seu

Alquimista

ROBERTO MENESCAL e
PAULO CÉSAR FEITAL

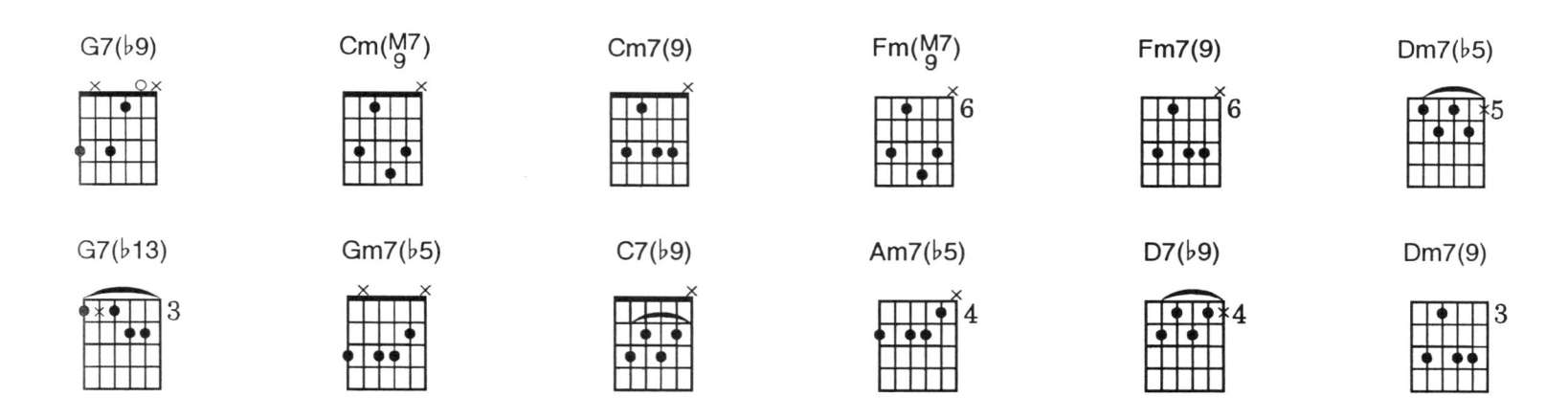

[Chord diagrams: G7(b9), Cm(M7/9), Cm7(9), Fm(M7/9), Fm7(9), Dm7(b5), G7(b13), Gm7(b5), C7(b9), Am7(b5), D7(b9), Dm7(9)]

    G7(b9)   *Cm(M7 9)*   *Cm7(9)*
Me transformei enfim, me tornei

          Fm(M7 9)   *Fm7(9)*
Pastor de mim, meu Agnus Dei

         Dm7(b5)
Pra isso eu me pisei, flagelei

  G7(b13)   *Cm7(9)*
As tábuas da lei quebrei, eu quebrei

G7(b9)   *Cm(M7 9)*   *Cm7(9)*
Eu mendiguei por dentro de mim

    Fm(M7 9)   *Fm7(9)*
Na geografia gêmea de Deus

      Dm7(b5)   *G7(b13)*
Na treva interminável dos seus banquetes

 Cm7(9)
E botequins que são meus

     Gm7(b5) *C7(b9)*   *Fm(M7 9)* *Fm7(9)*
Hoje eu sei das lendas da minh'al_____ma

     Am7(b5) *D7(b9)*   *Dm7(9)* *G7(b13)*
Hoje eu sei me transformar com cal____ma

     Cm(M7 9)   *Cm7(9)*
Pois eu travei combate com Deus

   Fm(M7 9)   *Fm7(9)*
Caí no front do reino dos céus

     Dm7(b5)
Me aprisionei nas celas do amor

 G7(b13)   *Cm7(9)*
E me transformei assim no que sou

♩ = 75

G7(♭9) | **𝄋 Cm(M7/9)** | **Cm7(9)**

Me trans-for-mei en-fim, me tor-nei_____ Pas-tor de mim, meu
Eu men-di-guei por den-tro de mim_____ Na geo-gra-fi-a
-ba-te com Deus_____ Ca-í no front do

Fm(M7/9) | **Fm7(9)** | **Dm7(♭5)**

A-gnus Dei_____ Pra i-so eu me pi-sei, fla-ge-lei As
gê-mea de Deus_____ Na tre-va in-ter-mi-ná-vel dos seus ban-
rei-no dos céus_____ Me a-pri-sio-nei nas ce-las do a-mor E

G7(♭13) | **Cm7(9)**

tá-buas da lei que-brei, eu que-brei *Fim*
-que-tes E bo-te-quins que são meus
me trans-for-mei as-sim no que sou

Ho-je eu

Gm7(♭5) | **C7(♭9)** | **Fm(M7/9)**

sei das len-das da mi-nh'al-

Fm7(9) | **Am7(♭5)** | **D7(♭9)**

-ma Ho-je eu sei me trans-for-mar_____ com cal-

Dm7(9) | **G7(♭13)**

_____-ma Pois eu tra-vei com- *Ao 𝄋 e Fim*

©Copyright 1993 by WARNER CHAPPELL EDIÇÕES MUSICAIS LTDA.
Todos os direitos autorais reservados para todos os países. *All rights reserved.*

Balansamba

(instrumental)

ROBERTO MENESCAL e
RONALDO BÔSCOLI

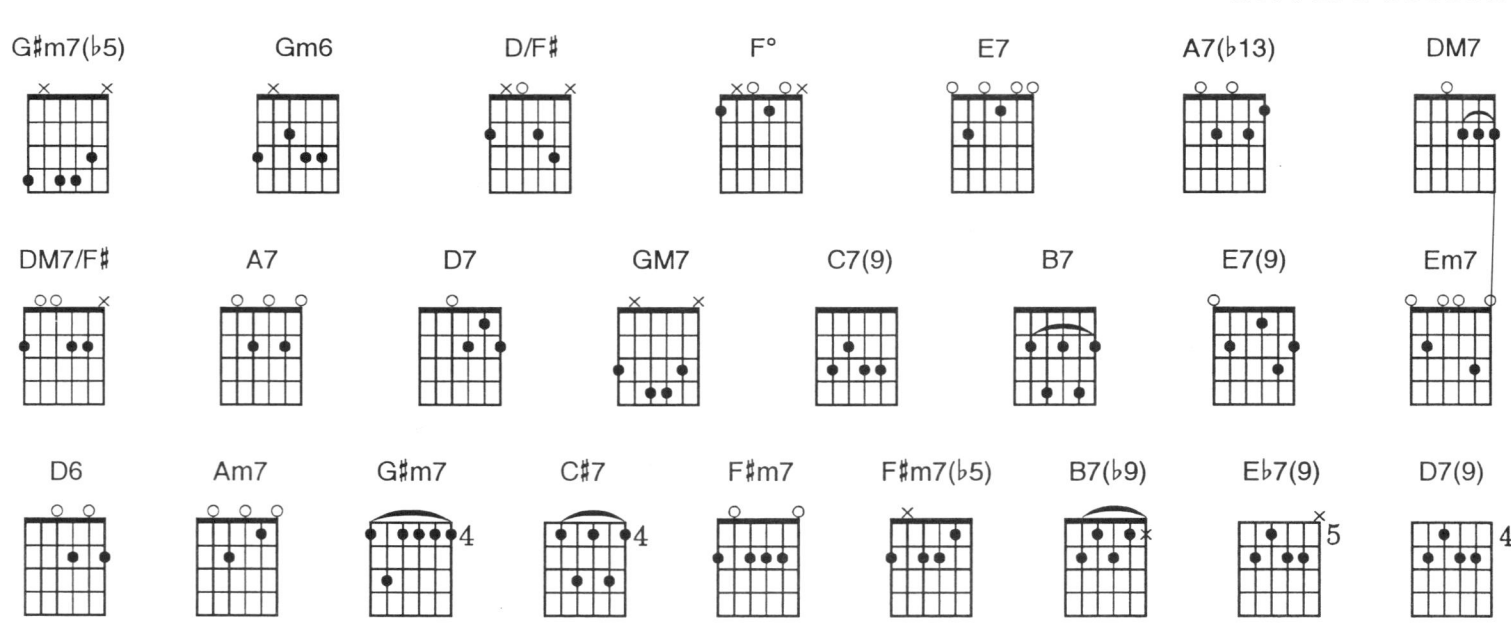

©Copyright 1981 by WARNER CHAPPELL EDIÇÕES MUSICAIS LTDA.
Todos os direitos autorais reservados para todos os países. *All rights reserved.*

E7 A7 D6 Am7 D7 GM7 C7(9)
GM7 G♯m7 C♯7 F♯m7 B7 F♯m7(♭5) B7 E7 A7(♭13)
DM7/F♯ F° A7 DM7/F♯ F° D7 GM7 C7(9) B7
E7 A7 D A7/4(9) DM7 F° Em7 A7 simile DM7 F° Am7 D7
GM7 C7(9) F♯7 B7 E7 Em7 A7(♭13) E7 A7 D6
Ao 𝄋 e 𝄌
E7 F♯m7(♭5) B7(♭9) E7 A7 G♯m7(♭5) Gm6
D/F♯ F° Em7 E♭7(9) D7(9)

Abraço vazio

ROBERTO MENESCAL e
J. C. COSTA NETTO

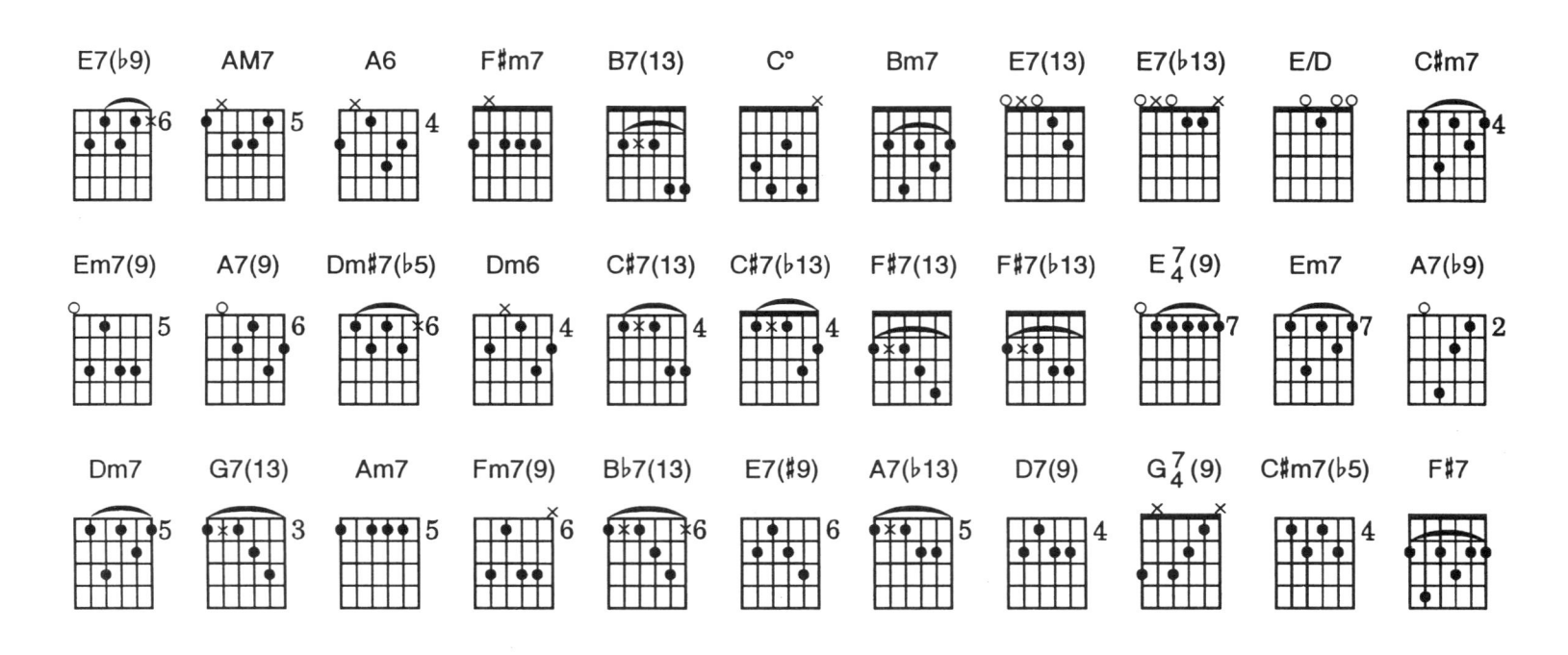

[Chord diagrams: E7(b9), AM7, A6, F#m7, B7(13), C°, Bm7, E7(13), E7(b13), E/D, C#m7, Em7(9), A7(9), Dm#7(b5), Dm6, C#7(13), C#7(b13), F#7(13), F#7(b13), E7/4(9), Em7, A7(b9), Dm7, G7(13), Am7, Fm7(9), Bb7(13), E7(#9), A7(b13), D7(9), G7/4(9), C#m7(b5), F#7]

Introdução (2X): **E7(b9) AM7 A6 F#m7 B7(13) C°
Bm7 E7(13) E7(b13) AM7**

AM7   F#m7   Bm7   E/D
  Revirando o apartamen___to
C#m7   F#m7   Em7(9)   A7(9)
  Não me resguardei a tem_____po
D#m7(b5)   Dm6
  Quando dei por mim
              C#7(13) C#7(b13) F#7(13) F#7(b13)
  Uma canção
B7(13)   Bm7   E7 4(9)   E7(b9)
  Foi buscar você tão lon___ge

AM7   F#m7   Bm7   E/D
  Remexendo o sentimen____to
C#m7   F#m7   Em7(9)   A7(9)
  Distraído num momen_____to
D#m7(b5)   Dm6   C#7(13) C#7(b13)
  No quarto vazio   à meia luz
           F#7(13) F#7(b13)
  Sem querer
B7(13)   Bm7   Em7 A7(b9)
  Acho que abracei você

Dm7   G7(13)   C#m7   F#m7
  Qual foi mesmo o tom   do seu "tan__to faz"
Dm7   G7(13)   Em7   Am7
  Qual foi mesmo a cor   do batom
Fm7(9)   Bb7(13)   E7(#9)   A7(b13)
  Traços de um perfil   que eu nem lembro   mais
D7(9)   G7 4(9)   AM7
  Sei que os lábios di___zem sim

       F#m7   Bm7   E/D
  Revirando a cida___de
C#m7   F#m7   Em7(9)   A7(9)
  Por descuido ou por malda_____de
D#m7(b5)   Dm6
  Se o destino inven___ta
           C#7(13) C#7(b13)   F#7(13)   F#7(b13)
  De cruzar   nosso olhar
B7(13)   Bm7   C#m7(b5) F#7(b13) F#7
  Mesmo se eu passar sem ver,   acredite
B7(13)   E7 4(9)   A6
  Não me esqueço de você

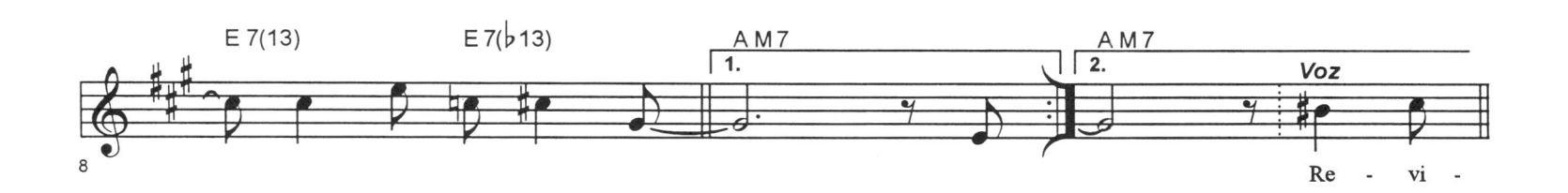

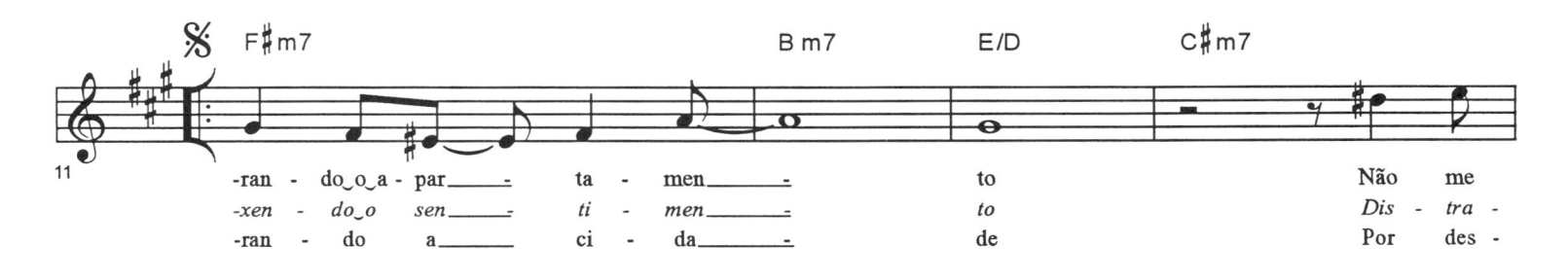

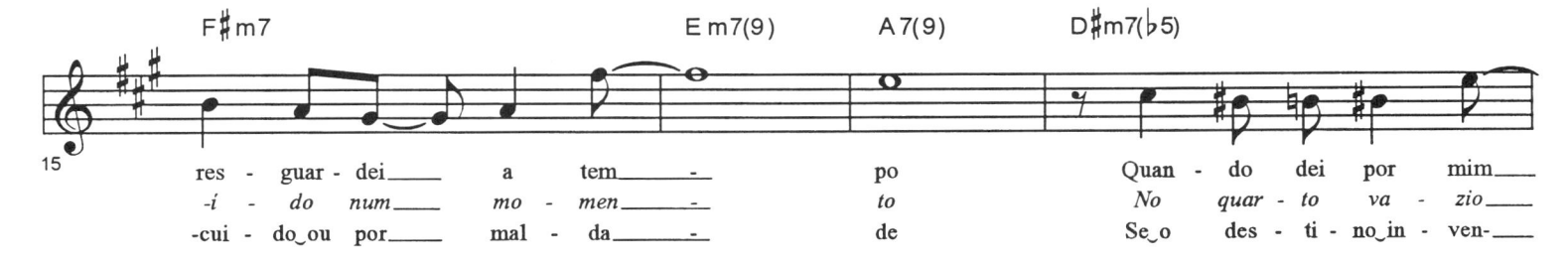

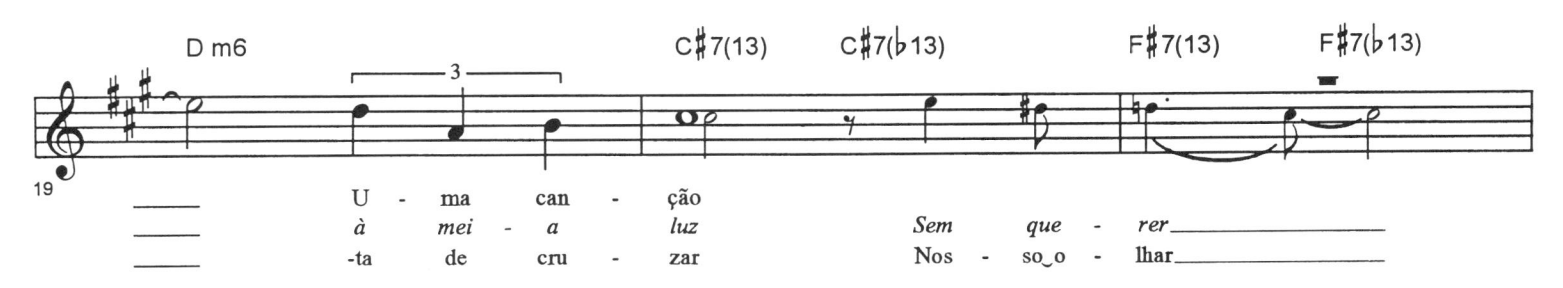

©Copyright 1996 by ALBATROZ DISCOS LTDA. Adm. NOWA PRODUÇÕES ARTÍSTICAS LTDA.
©Copyright 1991 by WARNER CHAPPELL EDIÇÕES MUSICAIS LTDA.
Todos os direitos autorais reservados para todos os países. *All rights reserved.*

Foi bus-car vo-cê tão lon — ge Re-me-
A - cho
Mes - mo

que a-bra-cei vo-cê Qual foi mes-mo o tom

do seu "tan - to faz" Qual foi mes-mo a cor

do ba-tom Tra-ços de um per-fil que eu nem lem-

-bro mais Sei que os lá-bios di - zem sim Re-vi-

Se eu pas-sar sem ver, a - cre - di - te

Não me es-que-ço de vo-cê

Novas bossas

ROBERTO MENESCAL e
PAULO CÉSAR FEITAL

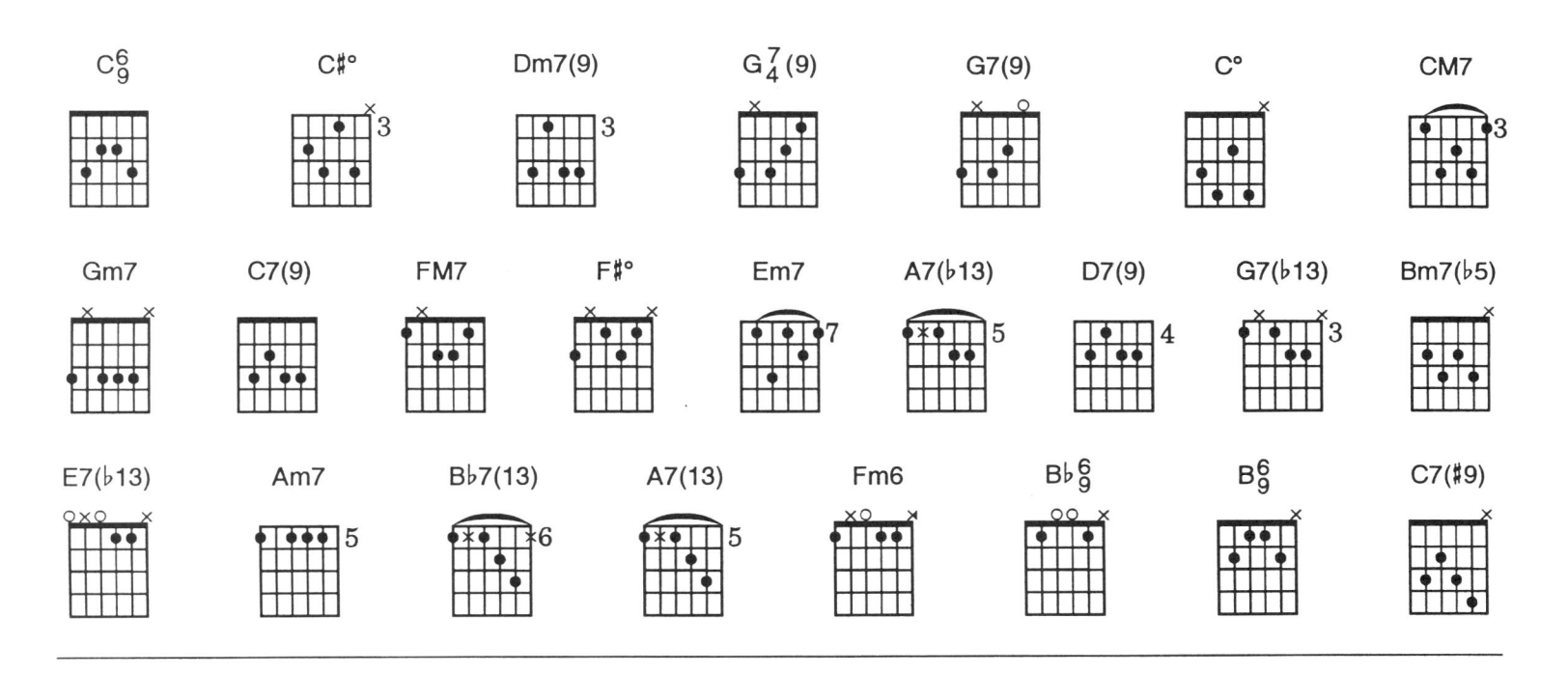

```
       C6 9
Ami_____go, me diz que perfume
       Dm7(9)              C#
Estranho é es_____se que rola no ar?
       Dm7(9)         G7 4(9)  G7(9)   C°    CM7
Fragância de samba, de bossa, de      poe_tizar
     Gm7            C7(9)
É o chei__ro da alma do povo
      FM7                 F#°
Que libe__ra a emoção popular
     Em7         A7(b13)    D7(9)          G7(b13)
Ami_____go tô com você    tem no__va bossa no ar

       C6 9
Estra_____nho é que eu ando
       Db°         Dm7(9)              C#°
Contente nesses tem_____pos de tanto chorar
       Dm7(9)              G7 4(9)  G7(9)    C°    CM7
Quem sabe essa alma da gente pos____sa trans_portar
     Gm7            C7(9)
A al__ma do tempo presente
       FM7                F#°
Desses tem__pos de tanto chorar
     Em7           A7(b13)
Pro tem__po de se esperançar
         D7(9)              G7(b13)
Com o po__vo da gente a cantar
```

```
       CM7(9)    Bm7(b5)  E7(b13) Am7      D7(9)
Dolo__res, Agosti__nho,   Luís    Eça, Elis,
           Gm7      C7(9)
Meu Deus,  quem viu?
         FM7      F#°      Em7    Bb7(13)   A7(13)
Talvez   já estejam aqui   reunidos num bar
        D7(9)                            Fm6
Compon__do em novos copos novas bos__sas pro Brasil
       D7(9)            G7 4(9)
Viní__cius de moral,
           G7(9)     C6 9  Bb6 9  B6 9  C6 9  G7(b13)
Plural Moraes singular

Amigo, me diz que perfume (etc.)
 G7 4(9)     G7(9)             Gm7
...Plural Moraes singular

C7(#9)  FM7       F#°      Em7    Bb7(13)   A7(13)
E aí    se João Gilber__to topasse cantar
              D7(9)                     Fm6
O Tom,     talvez, quem sabe, retornas__se um sabiá
        D7(9)         G7 4(9)        G7(9)     C6 9
Ou      alegre, assim,         um filho da Wanda Sá
```

Novas bossas

ROBERTO MENESCAL e
PAULO CÉSAR FEITAL

♩ = 90

A - mi — go, me diz que per - fu - me Es - tra — nho é es —
-nho é que eu an - do Con - ten - te nes — ses tem —

— -se que - ro la no ar? Fra - gân — cia de sam - ba, de bos - sa, de — po - e —
— -pos de tan - to cho - rar Quem sa — be es - sa al - ma da gen - te pos — sa trans —

— -ti - zar___ É o chei — ro da al - ma do po - vo Que — li - be —
— -por tar___ A al — ma do tem - po pre - sen - te Des — ses tem —

— -ra a e - mo - ção po - pu - lar_____ A - mi — go tô com vo - cê_____
— -pos de tan - to cho - rar_____

— tem no — va bos — sa no ar Es - tra —— Pro tem —

— -po de se es - pe - ran - çar_____ Como po — vo da gen - te a can - tar_____

— Do - lo — res, A — gos - ti — nho, Lu — ís E —

Am7 D7(9) Gm7 C7(9) FM7
27 ___ -ça͜ E lis,___ Meu Deus,___ quem viu? Tal - vez___ já es -
F♯° Em7 B♭7(13) A7(13) D7(9)
32 -te___ jam͜ a - qui___ re - u - ni - dos num bar Com - pon___ do͜ em no___ vos co___
Fm6 D7(9)
36 ___ -pos no___ vas bos___ sas pro___ Bra - sil___ Vi - ní___ cius de___ mo - ral,___
G7/4(9) G7(9) C6/9 B♭6/9 B6/9 C6/9 G7(♭13)
Ao 𝄋 e 𝄌
40 ___ plu - ral Mo - raes sin - gu - lar A - mi-___
G7/4(9) G7(9) Gm7 C7(♯9) FM7
43 ___ plu - ral Mo - raes sin - gu - lar E͜ a - í___ se Jo -
F♯° Em7 B♭7(13) A7(13) D7(9)
47 -ão___ Gil - ber___ to to - pas - se can - tar O Tom,___ tal - vez,___ quem sa___
Fm6
51 ___ -be, re___ tor - nas___ se͜ um sa___ bi - á___ Ou___
D7(9) G7/4(9) G7(9) C6/9
54 ___ a - le___ gre͜ as - sim,___ um fi - lho da Wan - da Sá

Se eu pudesse dizer que te amei

ROBERTO MENESCAL e
PAULO CÉZAR FEITAL

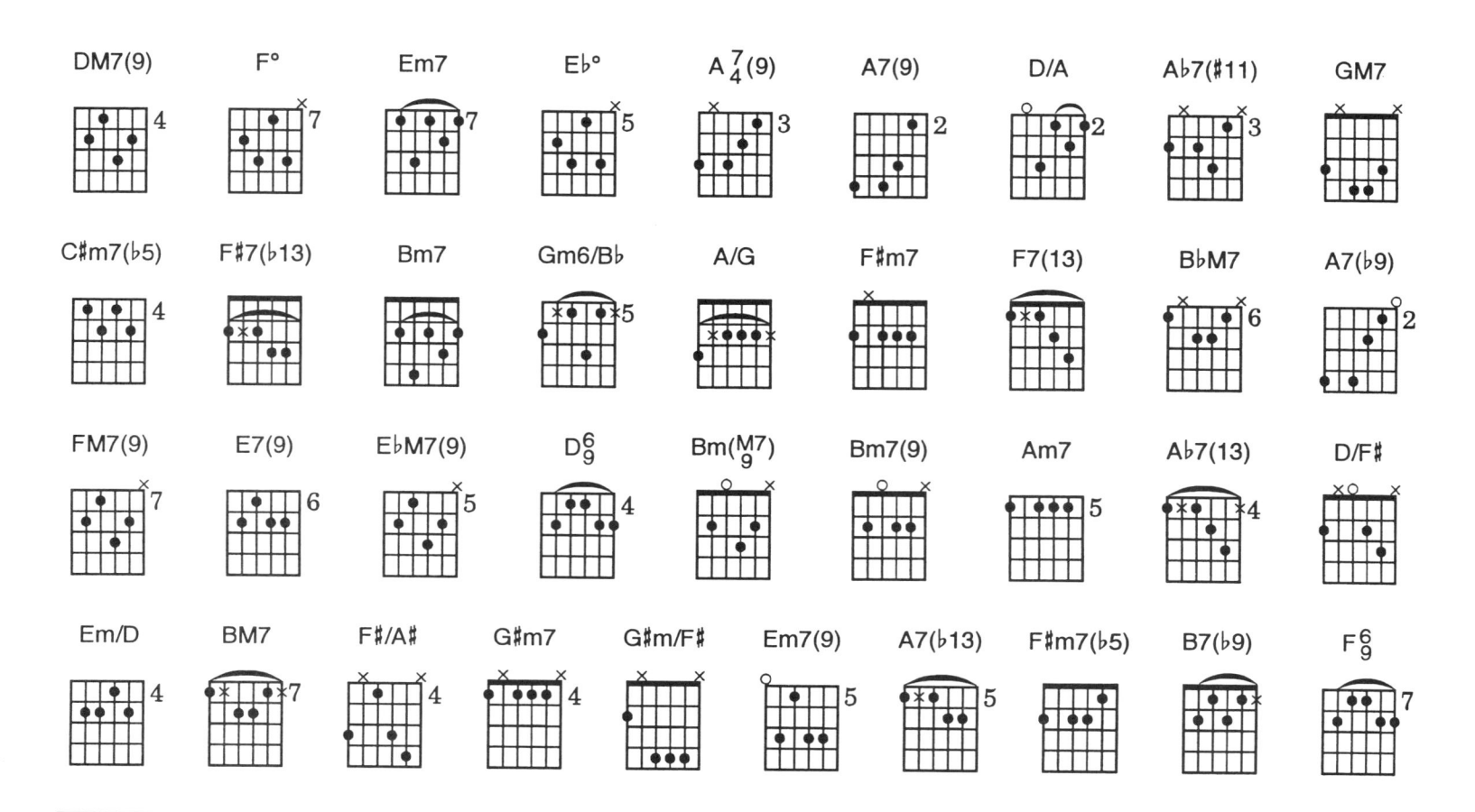

```
      DM7(9)         F°        Em7       Eb°      A7/4(9)    A7(9)      D/A      Ab7(#11)    GM7

     C#m7(b5)    F#7(b13)     Bm7      Gm6/Bb      A/G       F#m7      F7(13)     BbM7       A7(b9)

     FM7(9)       E7(9)     EbM7(9)     D6/9      Bm(M7/9)  Bm7(9)      Am7      Ab7(13)     D/F#

      Em/D        BM7       F#/A#      G#m7       G#m/F#    Em7(9)    A7(b13)   F#m7(b5)    B7(b9)    F6/9
```

       DM7(9)   F°
Quando a porta do tempo se abriu

    Em7   Eb°
Era tarde, amor

    Em7   A7 4(9) A7(9)   D/A   Ab7(#11)
O outono da vida caiu   tão desolador

       GM7   C#m7(b5)
Eu me lembro que você surgiu

F#7(b13)   Bm7   Gm6/Bb
Numa noite fagueira de abril

        D/A   A7 4(9)
Uma estrela que o céu do Brasil

A/G   F#m7 F7(13) BbM7
Me enviou

A7(b9)   DM7(9)   F°
Desde então meu jardim se floriu

       Em7   Eb°
De constelação

     Em7   A7 4(9) A7(9)
Primavera eram flores no céu

      D/A   Ab7(#11)
E um céu no chão

       GM7   C#m7(b5)
Uma noite seu ventre emitiu

       F#7(b13)   Bm7   Gm6/Bb
Uma luz pequenina, infantil

           D/A   A7 4(9)
E uma estrela cadente surgiu

         FM7(9) E7(9) EbM7(9) D6 9
Desse amor

          C#m7(b5)   F#7(b13)
Mas eu era um simples mortal

            Bm(M7 9) Bm7(9)
E assim como tal,   eu errei

         Am7   Ab7(13)
Tanta luz me ofuscava e afinal

          GM7   D/F# Em7
Te abandonei

Em/D   C#m7(b5)   F#7(b13)
Eu tentei suportar tanto amor

          BM7   F#/A# G#m7
Deus sabe que tentei

G#m/F#   Bm7   E7(9)
Como o breu não suporta o fulgor

           Em7(9)   A7(b13)
Também não suportei... Não

DM7(9) **F°** Quando a porta do tempo se abriu **Em7** **Eb°** Era tarde, amor **Em7** **A7 4(9) A7(9)** **D/A** **Ab7(#11)** O outono da vida caiu, tão desolador **GM7** **C#m7(b5)** Solitário é o céu do Brasil **F#7(b13)** **Bm7** **Gm6/Bb** São tão tristes as noites de abril	**D/A** **A7 4(9)** Minha estrela cadente sumiu **A/G** **F#m7(b5)** **B7(b9)** Já não brilha no céu do país **Em7** **F#m7** **GM7** Se eu pudesse dizer que te amei **A7 4(9)** **F6** **E7(9)** **EbM7(9)** **D6 9** Morreria feliz

♩ = 95

[Musical notation with lyrics:]

Quan- do a por- ta do tem- po se a- briu___ E- ra tar- de a- mor___
-tão meu jar- dim se flo- riu___ De cons- te- la- ção___
por- ta do tem- po se a- briu___ E- ra tar- de a- mor___

O ou- to- no da vi- da ca- iu___ tão de- so- la- dor___
Pri- ma- ve- ra e- ram flo- res no céu___ E um céu no chão___
O ou- to- no da vi- da ca- iu,___ tão de- so- la- dor___

Eu me lem- bro que vo- cê sur- giu Nu- ma noi- te fa- guei- ra de a-
U- ma noi- te seu ven- tre e- mi- tiu U- ma luz pe- que- ni- na in- fan-
So- li- tá- rio é o céu do Bra- sil São tão tris- tes as noi- tes de a-

-bril U- ma es- tre- la que o céu do Bra- sil Me en- vi- ou Des- de en-
-til E u- ma es- tre- la ca- den- te sur-
-bril Mi- nha es- tre- la ca- den- te su-

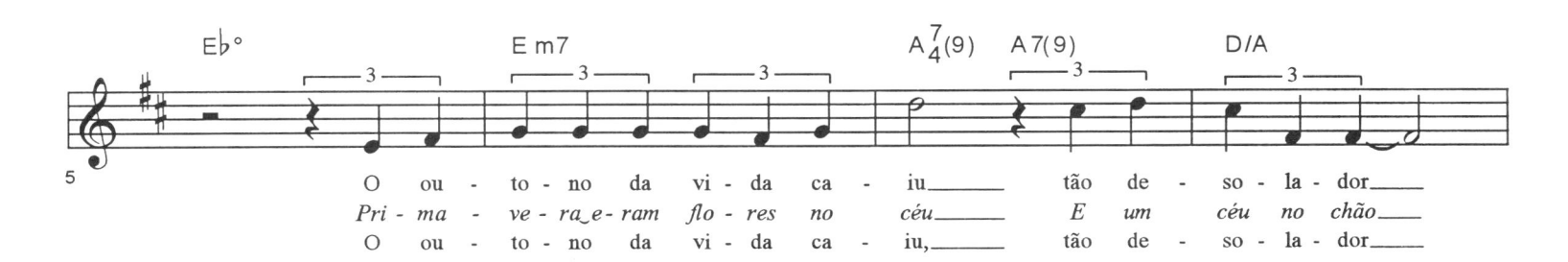

©Copyright 1995 by WARNER CHAPPELL EDIÇÕES MUSICAIS LTDA.
©Copyright 1995 by SICAM - Sociedade Independente de Compositores e Autores Musicais.
Todos os direitos autorais reservados para todos os países. *All rights reserved.*

-giu Des-se a - mor___ Mas eu e - ra um sim-ples mor-tal___ E as-sim co-mo tal, eu er - rei Tan-ta luz me o-fus-ca-va e a fi - nal Te a-ban-do-nei___ Eu ten--tei su-por-tar tan-to a-mor Deus sa-be que ten-tei___ Co-mo o breu não su-por-ta o ful - gor Tam-bém não su-por-tei___ não Quan-do a -miu Já não bri-lha no céu do pa-ís Se eu pu-des-se di-zer que te a-mei___ Mor-re-ri-a fe-liz___

Nas quebradas da vida

ROBERTO MENESCAL e
PAULO CÉSAR FEITAL

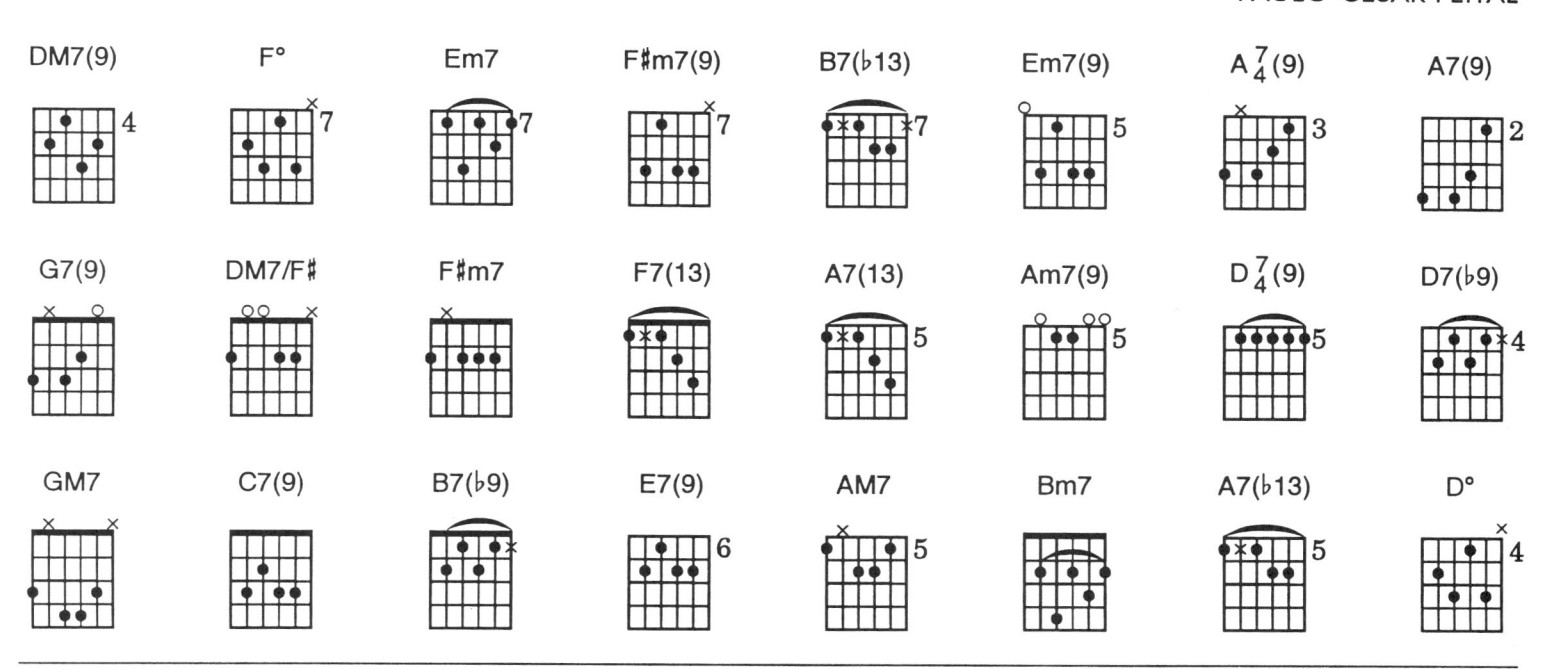

[Chord diagrams: DM7(9), F°, Em7, F#m7(9), B7(b13), Em7(9), A7/4(9), A7(9), G7(9), DM7/F#, F#m7, F7(13), A7(13), Am7(9), D7/4(9), D7(b9), GM7, C7(9), B7(b9), E7(9), AM7, Bm7, A7(b13), D°]

DM7(9)   **F°**
Gosto de Chico, Noel, Menescal
   Em7   **F#m7(9)**   **B7(b13)**
Nara e Tom Jobim
Em7(9)
Samba, Mangueira, Marçal
   A7 4(9)   **A7(9)**   **DM7(9)**   **G7(9)**
E você   acha tudo o fim
DM7/F#   **F°**
Gosto de terra, jasmim
   Em7   **F#m7(9)**   **A7(13)**
Rosa e monsenhor
Em7(9)   **A7 4(9)**
Você detesta jardim
A/G   **F#m7(9)**   **F7(13)**   **Em7(9)**   **A7(13)**
Tem horror   a   flor

DM7(9)   **F°**
Gosto de praia, de sol, de calor
   Em7   **F#m(9)**   **B7(b13)**
Gosto do verão
Em7(9)   **A7 4(9)**
Você de nuvem sobre o Redentor
A7(9)   **Am7(9)**   **D7 4(9)**   **D7(b9)**
Chuva e trovão
GM7   **C7(9)**
Gosto de Chaplin, romance e paixão
F#m7   **B7(b9)**
Você de filmes como "O Tubarão"

    E7(9)
Somos sempre assim
Em7(9)   **A7(13)**   **DM7(9)**
Tão opostos no amor
   C#m7(b5)   **F#7(b13)**
Gosto de baile, eu ado____ro dançar

    Bm7(9)
Dança de salão
Am7   **D7(9)**   **GM7**
Peço a você, mas você, qual o quê, só televisão
Bm7   **E7(9)**   **AM7**   **F#m7**
Gosto de ser social   e de um bom licor
    Bm7   **E7(9)**   **Em7(9)**   **A7(b13)**
Mas você tem por nós, alcoólicos, pavor... Ah!

DM7(9)   **F°**
Amo varanda, criança e quintal
   Em7   **F#m(9)**   **B7(b13)**
Cheiro de bebê
Em7(9)   **A7 4(9)**   **A7(b9)**
Chega domingo você lê jornal
    Am7(9)   **D7 4(9)**   **D7(9)**
Sem Caderno B
GM7   **C7(9)**
Eu nunca vi tanta contradição
F#m7   **B7(b9)**
É fogo e água, é breu e clarão
    E7(9)
São coisas do amor
Em7(9)   **A7(13)**   **D7 4(9)**   **D7(9)**
São quebradas da vi_____da
GM7   **C7(9)**
Só que de noite durante a paixão
F#m7   **B7(b9)**
Somos perfeitos, sem oposição
    E7(9)
Basta isso, amor
A7(13)   **D°**
Pra eu te amar, comovida

Nas quebradas da vida

ROBERTO MENESCAL e
PAULO CÉSAR FEITAL

♩ = 67

Gos - to de Chi - co, No - el, Me - nes - cal Na - ra e Tom Jo - bim
Gos - to de prai - a, de sol, de ca - lor Gos - to do ve - rão
A - mo va - ran - da, cri - an - ça e quin - tal Chei - ro de be - bê

Sam - ba, Man - guei - ra, Mar - çal E vo - cê a - cha tu - do o fim
Vo - cê de nu - vem so - bre o Re - den - tor Chu - va
Che - ga do - min - go vo - cê lê jor - nal sem Ca-

Gos - to de ter - ra, jas - mim Ro - sa e mon - se - nhor

Vo - cê de - tes - ta jar - dim Tem hor - ror a flor

e tro - vão Gos - to de Cha - plin, ro - man - ce e pai - xão
der - no B Eu nun - ca vi tan - ta con - tra - di - ção

Vo - cê de fil - ma es co - mo "O Tu - ba - rão" So - mos sem - pre as - sim Tão o - pos - tos no a-
É fo - go e á - gua, é breu e cla - rão São coi - sas do a - mor São que - bra - das da

©Copyright 1997 by ALBATROZ DISCOS LTDA. Adm. NOWA PRODUÇÕES ARTÍSTICAS LTDA.
©Copyright 1997 by SICAM - Sociedade Independente de Compositores e Autores Musicais.
Todos os direitos autorais reservados para todos os países. *All rights reserved.*

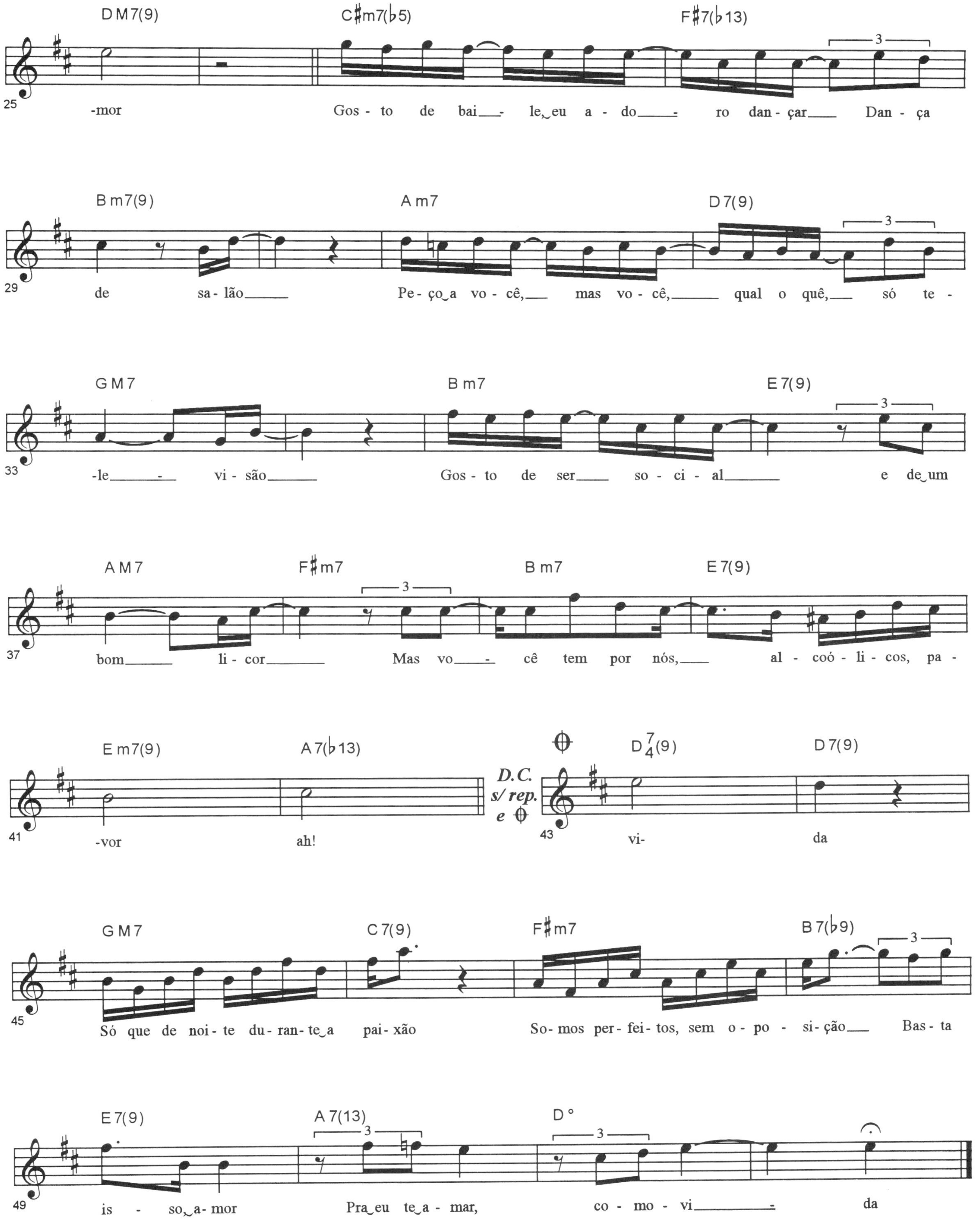
DM7(9) C♯m7(♭5) F♯7(♭13)
25 -mor Gos - to de bai - le eu a - do - ro dan - çar Dan - ça
Bm7(9) Am7 D7(9)
29 de sa - lão Pe - ço a vo - cê, mas vo - cê, qual o quê, só te -
GM7 Bm7 E7(9)
33 -le - vi - são Gos - to de ser so - ci - al e de um
AM7 F♯m7 Bm7 E7(9)
37 bom li - cor Mas vo - cê tem por nós, al - coó - li - cos, pa -
Em7(9) A7(♭13)
41 -vor ah!
D.C. s/ rep. e
D7/4(9) D7(9)
43 vi- da
GM7 C7(9) F♯m7 B7(♭9)
45 Só que de noi - te du - ran - te a pai - xão So - mos per - fei - tos, sem o - po - si - ção Bas - ta
E7(9) A7(13) D°
49 is - so a - mor Pra eu te a - mar, co - mo - vi - da

Eu e a música

(Tá oquei)

ROBERTO MENESCAL e
ALDIR BLANC

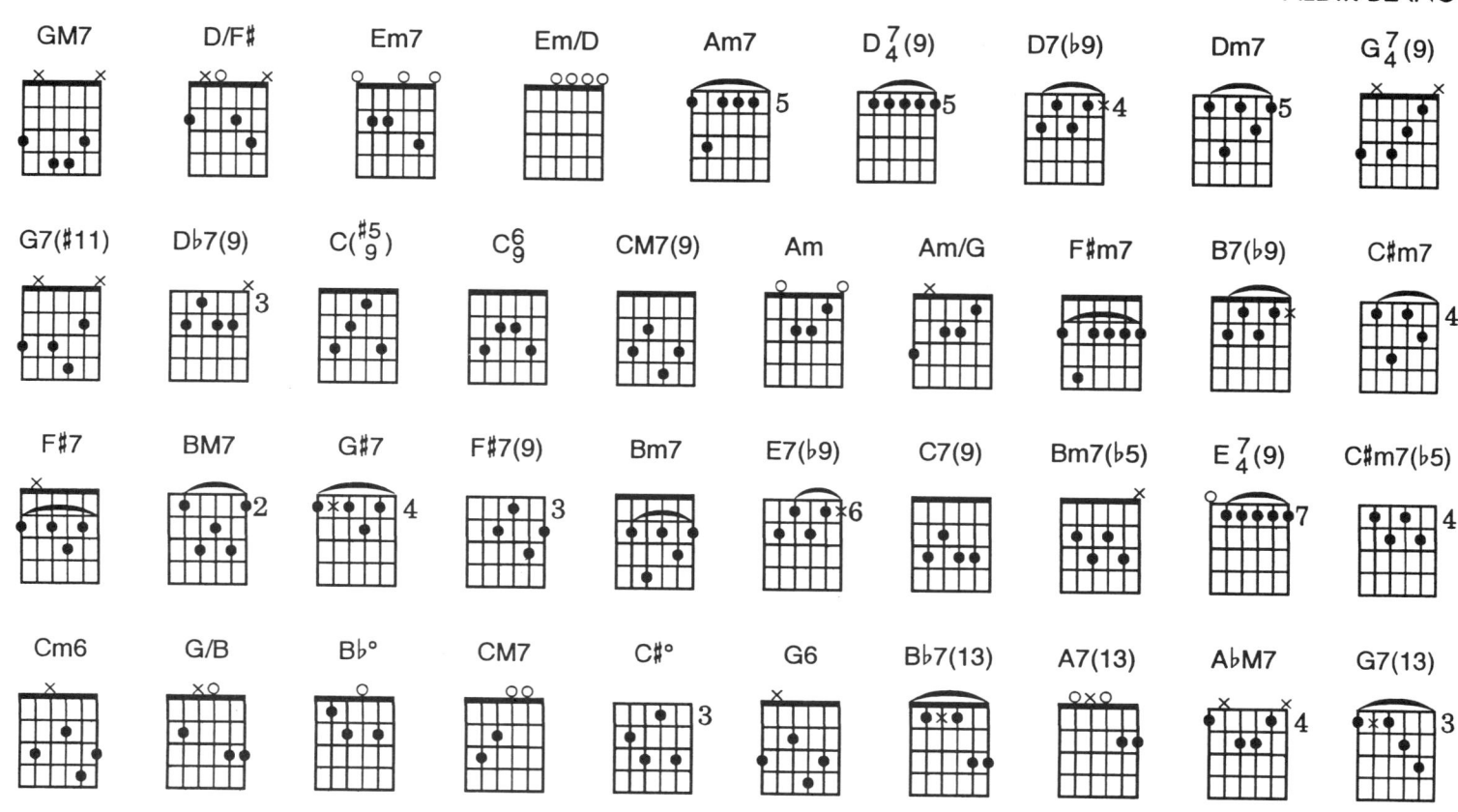

[Chord diagrams: GM7, D/F#, Em7, Em/D, Am7, D7/4(9), D7(b9), Dm7, G7/4(9), G7(#11), Db7(9), C(#5/9), C6/9, CM7(9), Am, Am/G, F#m7, B7(b9), C#m7, F#7, BM7, G#7, F#7(9), Bm7, E7(b9), C7(9), Bm7(b5), E7/4(9), C#m7(b5), Cm6, G/B, Bb°, CM7, C#°, G6, Bb7(13), A7(13), AbM7, G7(13)]

      GM7   D/F#
All the way be free, you shoud care for me

     Em7   Em/D   Am7
Dreaming day by day,   eu acho esse papo todo okay

                    D7 4(9)
Por que tenho mil canções na alma

               D7(b9)   GM7
E hoje eu sinto que elas são tudo o que eu sei

        D/F#   Em7
Canto em cabaret, muito tenderly, only you and me

Em/D   Dm7
Lições que eu aprendi com a Sapoti

   G7 4(9)   G7(#11)   Db7(9)
Meu som viaja numa boa de Las Vegas até Piraí

     C(#5 9) C6 9 CM7(9)   Am Am/G F#m7
Não esqueci   que na platéia quando chove

B7(b9)   Em7
Não pinta nem The Man I Love

Em/D   C#m7
E então num tempo triste o coração

F#7   BM7   G#7
Ameaça desistir e eu digo: cara I know

    C#m7   F#7(9)
É tudo uma questão de calma, Body and Soul

Bm7   E7(b9)
Fica firme aí e Never Let Me Go

Am7   D7(b9)
Essa coisas são parte do show

All the way be free, you shoud care for me *(etc.)*
...Meu som viaja numa boa de Las Vegas até Piraí

      C(#5 9) C6 9 CM7(9)   Am Am/G F#m7
Não esqueci   que se a platéia está   demais

B7(b9)   Em7
The Man I Love Round Midnight

Em/D   C#m7 C7(9)
Do bar tem olhos só pra mim

Bm7   Em7
Eu sou a maior, eu sou Sara "Von"

      Am7
Eu não tenho fim

D7 4(9)   C7(9)   Bm7(b5)
E o refletor parece o sol

          E7 4(9)   E7(b9)
Iluminando a estrela Unforgetable

C#m7(b5)　　　**Cm6**
It is wonderful ser Lady Singing The Blues
G/B　　　　**Bb°**
Ah! Eu quero morrer no calor desa luz
Am7　Bm7　CM7　C#°　D7 4(9)
Eu me sinto feliz,
　　　　　　　Dm7　G7(4 9)
De poder transmitir

BIS {
C#m7(b5)　　　**Cm6**
It is wonderful ser Lady Singing The Blues
G/B　　　　**Bb°**
Ah! Eu quero morrer no calor desa luz
Am7　Bm7　CM7　C#°　D7 4(9)
Eu me sinto feliz
　　　　　　　Dm7　G7(4 9)
De poder transmitir
}

G6　　**Bb7(13)**　**A7(13)**　**AbM7**　**G7(13)**
O abraço do Menescal e do Aldir

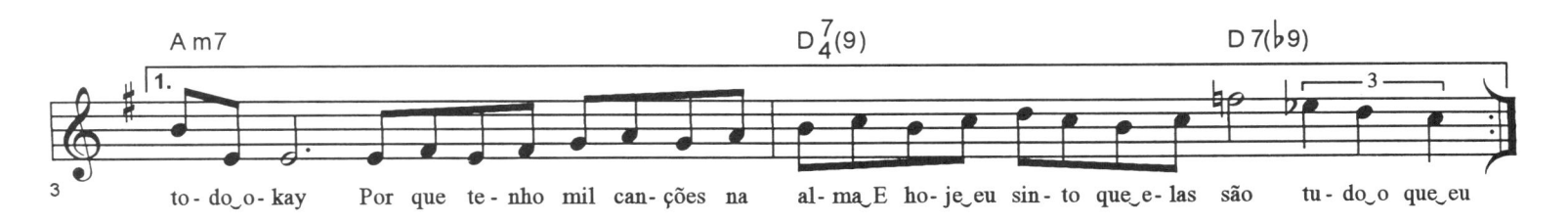

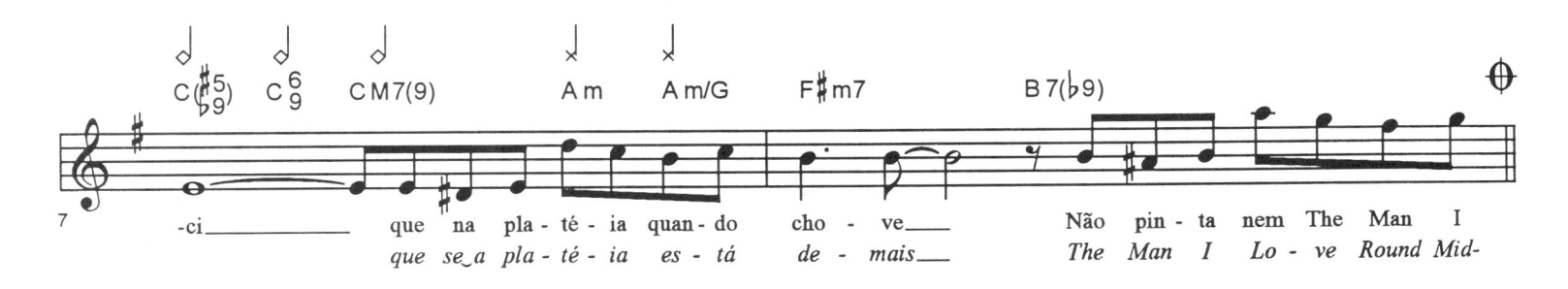

♩ = 70

GM7　　　　**D/F#**　　　　　**Em7**　　**Em/D**

All the way be free, you shoud care for me Drea-ming day by day, eu a-cho es-se pa-po
sei Can-to em ca-ba-ret, mui-to ten-der-ly, on-ly you and me Li-ções que eu a-pren-di com a

Am7　　　　　　　　**D7/4(9)**　　　　　　**D7(b9)**

to-do o-kay Por que te-nho mil can-ções na al-ma E ho-je eu sin-to que e-las são tu-do o que eu

Dm7　　　　　**G7/4(9)**　　　　　**G7(#11)**　　　**Db7(9)**

Sa-po-ti___ Meu som vi-a-ja nu-ma bo-a de Las Ve-gas a-té Pi-ra-í Não es-que-

C(#5/b9)　**C6/9**　**CM7(9)**　**Am**　**Am/G**　**F#m7**　**B7(b9)**

-ci___ que na pla-té-ia quan-do cho-ve___ Não pin-ta nem The Man I
que se a pla-té-ia es-tá de-mais___ The Man I Lo-ve Round Mid-

Em7　　**Em/D**　　　　　　**C#m7**　**F#7**　　**BM7**

Lo-ve___ E en-tão num tem-po tris-te o co-ra-ção A-me-a-ça de-sis-tir e eu di-go:

©Copyright 1992 by WARNER CHAPPELL EDIÇÕES MUSICAIS LTDA.
©Copyright 1992 by EDIÇÕES MUSICAIS TAPAJÓS LTDA.
Todos os direitos autorais reservados para todos os países. *All rights reserved.*

ca - ra I know___ É tu-do u-ma ques-tão de cal-ma, Bo-dy and soul___ Fi-ca fir-me a-í e Ne-ver

Let Me Go___ Es-sa coi-sas são par-te do Show

night Do bar tem o-lhos só pra mim___ Eu sou a mai-or, eu sou Sa-ra "Von" Eu não

te-nho fim E o re-fle-tor pa-re-ce o sol I-lu-mi-nan-do a es-

-tre-la Un-for-ge-ta-ble___ It is won-der-ful ser___ La-dy

Sin-ging The Blues___ Ah! Eu que-ro mor-rer no ca-lor de-sa luz___ Eu me

sin-to fe-liz___ De po-der trans-mi-tir___ It is

___ O a-bra-ço do Me-nes-cal e do Al-dir

Saudades de você

ROBERTO MENESCAL e
NARA LEÃO

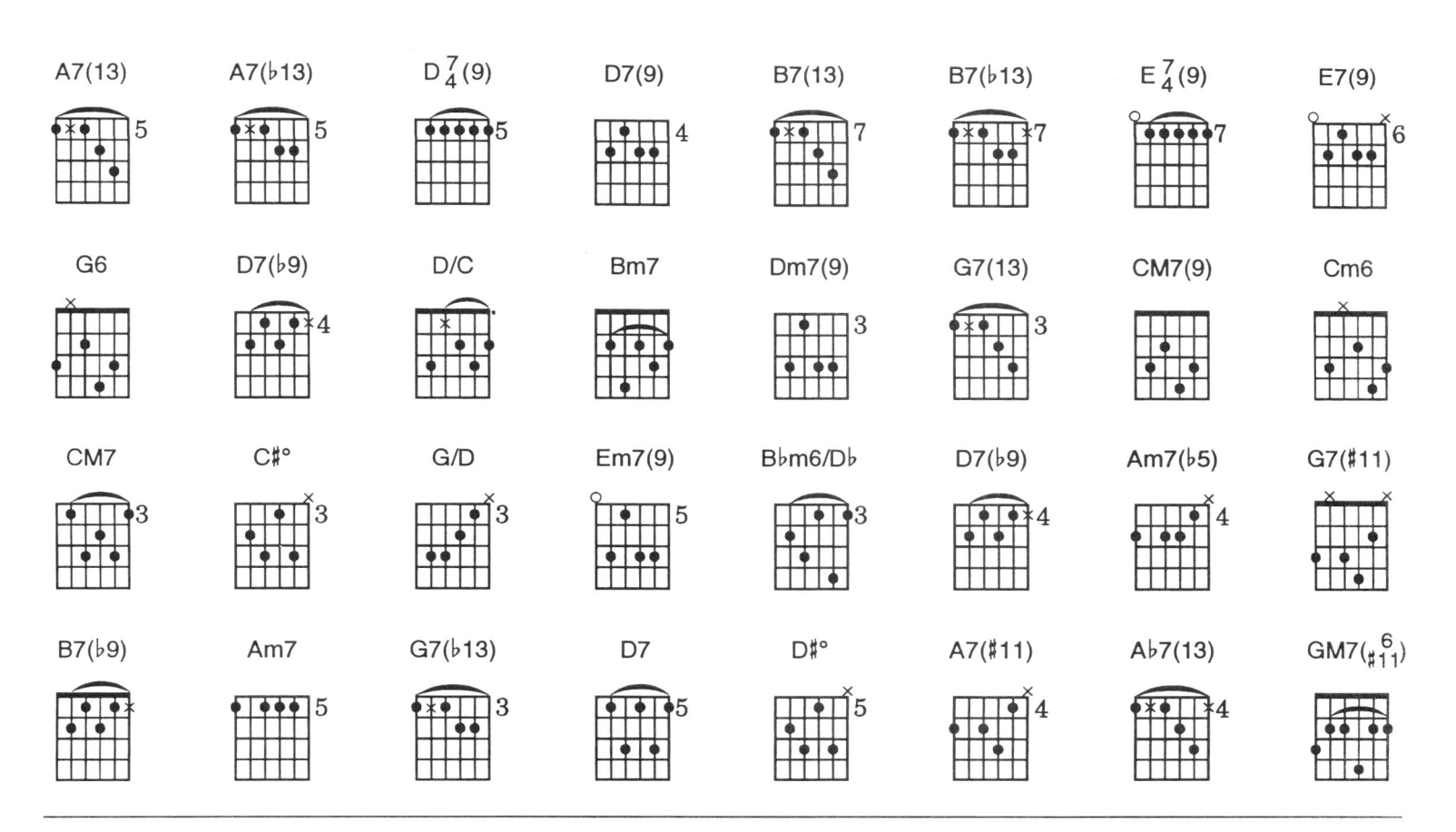

```
        A7(13)      A7(b13)      D7 4(9)
     Meu amor eu nem quero pensar
          D7(9)    B7(13)   B7(b13)  E7 4(9)
     Se um dia   voltar
 E7(9)    A7(13)   A7(b13)   D7 4(9)
     Esse tempo feliz de prazer
             D7(9)      G6    D7(b9)
     Que passei junto a ti

 G6      D/C        Bm7  Dm7(9)
     Saudades de você
      Dm7(9)   G7(13)    CM7(9)
     Será que você quer
           Cm6           CM7(9) Dm7(9) G7(13)
     Curtir um grande amor
 CM7       C#°        G/D        Em7(9)
     Numa viagem de voltar, seja onde for
            A7(13)    Em7(9)   A7(13)   Bbm6/Db  D7(b9)
     A gente vai tentar    ser feliz enfim

 G6      D/C        Bm7
     Se lembre por favor
 Dm7(9)          G7(13)    CM7(9)
     De um tempo que passou
           Cm6           CM7(9) Dm7(9) G7(13)
     Como eu te amei demais
```

```
 CM7        C#°       G/D
     Não deixe nada pra depois
        Em7(9)            A7(13)
     Venha pra mim como a primeira vez
 Am7(b5)   D7(b9)      G6  Dm7(9)  G7(#11)
     Como num sonho de amor

     CM7       B7(b9)
     Eu canto, eu danço
       Em7(9)    A7(13)
     E fico tão feliz
       Em7(9)    A7(13)          Am7  Dm7(9)  G7(b13)
     De ter você    bem juntinho a mim
       CM7       B7(b9)
     O mar, o céu
         Em7(9)       Bbm6/Db
     A ter__ra, é tudo azul
        G/D
     Vou te contar
         D7    D#°
     Que lin__do
            Em7(9)  A7(#11)  Am7  Ab7(13)  GM7(6 #11)
     É o nosso amor
```

Saudades de você

ROBERTO MENESCAL e
NARA LEÃO

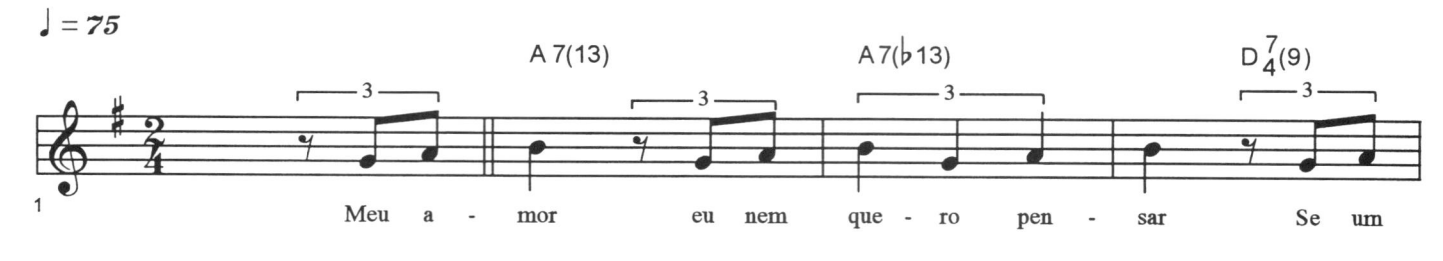

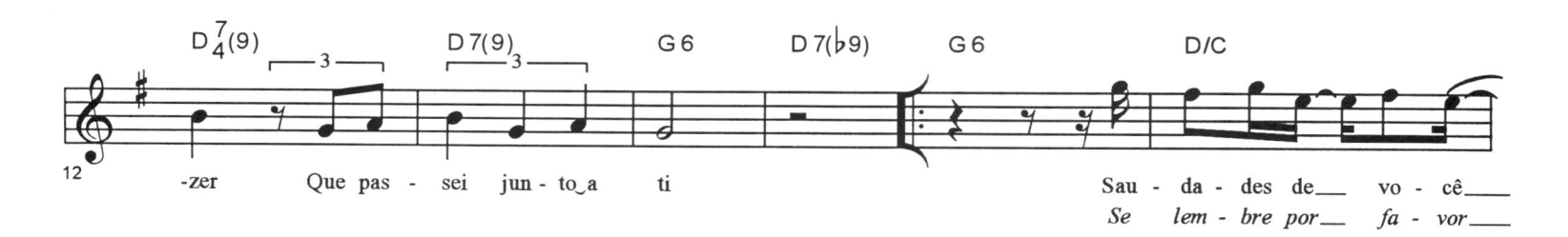

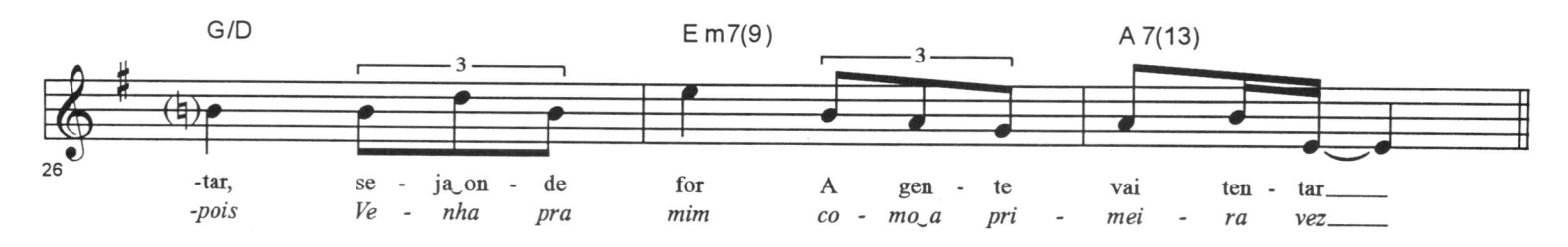

♩ = 75

Meu a-mor eu nem que-ro pen-sar Se um
di-a vol-tar___ Es-se tem-po fe-liz de pra-
-zer Que pas-sei jun-to a ti   Sau-da-des de___ vo-cê___
Se lem-bre por___ fa-vor___
Se-rá que vo-cê quer___ Cur-tir um gran-de a-
De um tem-po que pas-sou___ Co-mo eu te a-mei de-
-mor Nu-ma vi-a-gem de vol-
-mais Não dei-xe na-da pra de-
-tar, se-ja on-de for A gen-te vai ten-tar___
-pois Ve-nha pra mim co-mo a pri-mei-ra vez___

©Copyright 1989 by WARNER CHAPPELL EDIÇÕES MUSICAIS LTDA.
Todos os direitos autorais reservados para todos os países. *All rights reserved.*

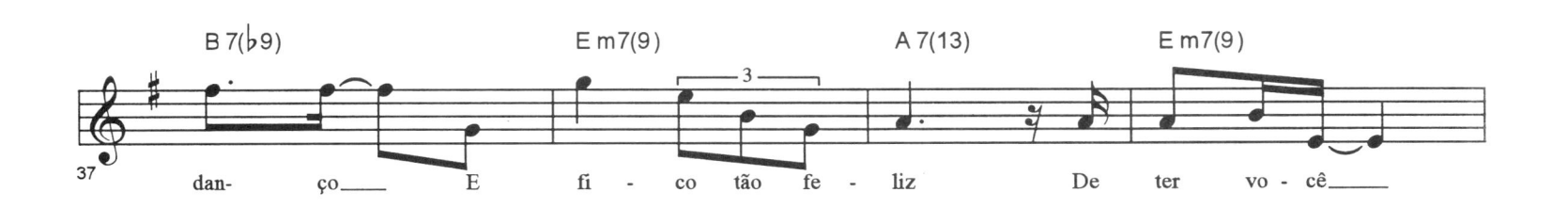

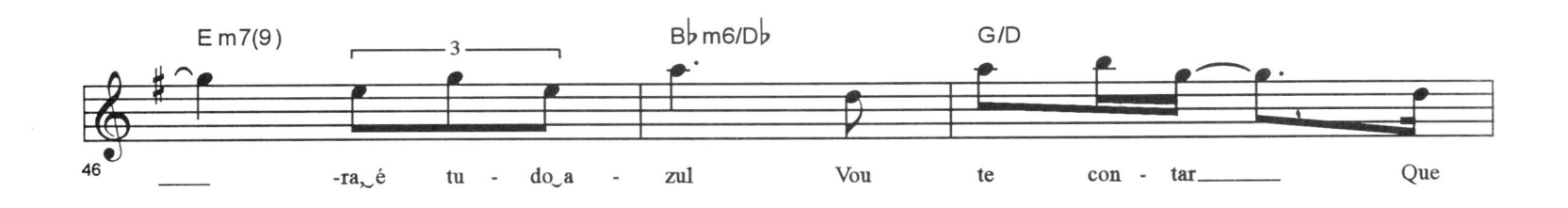

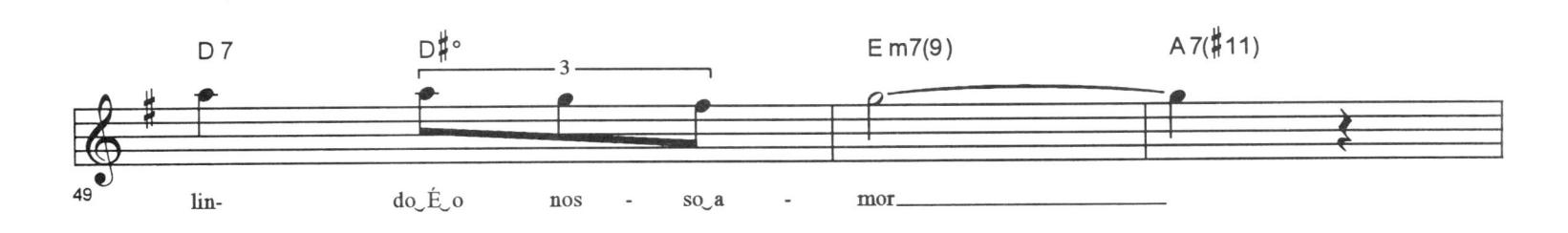

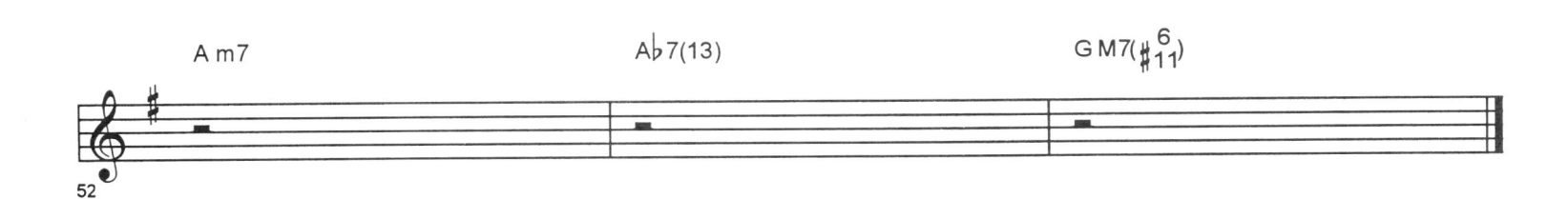

ser fe - liz en - fim___

Co - mo num so - nho__ de_a - mor____ Eu can - to, eu

dan - ço___ E fi - co tão fe - liz De ter vo - cê___

bem jun - ti - nho_a mim____ O mar, o céu A ter-

-ra,_é tu - do_a - zul Vou te con - tar____ Que

lin - do_É_o nos - so_a - mor____

Se pelo menos (você fosse minha)

ROBERTO MENESCAL e
PAULINHO TAPAJÓS

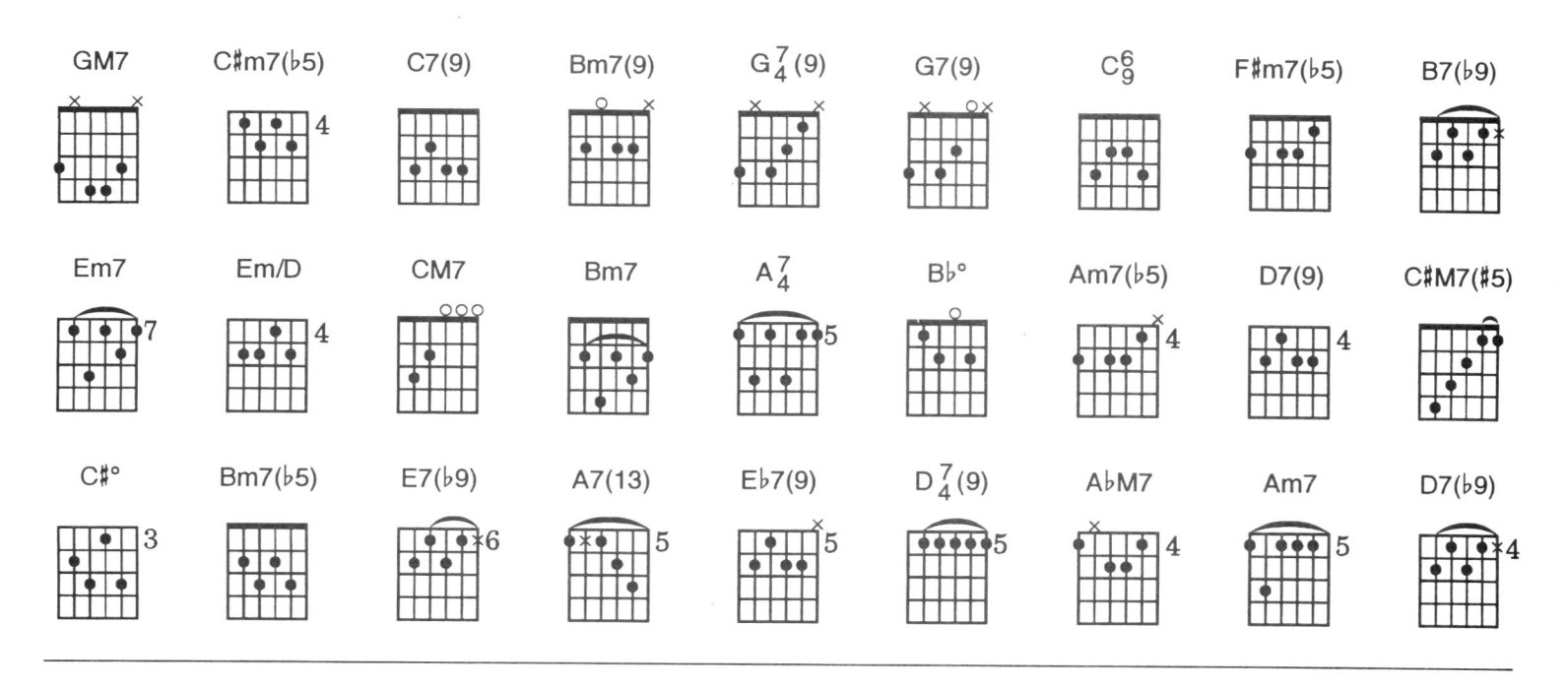

GM7 C#m7(b5) C7(9) Bm7(9) G7/4(9) G7(9) C6/9 F#m7(b5) B7(b9)

Em7 Em/D CM7 Bm7 A7/4 Bb° Am7(b5) D7(9) C#M7(#5)

C#° Bm7(b5) E7(b9) A7(13) Eb7(9) D7/4(9) AbM7 Am7 D7(b9)

GM7   **C#m7(b5)**
Se pelo menos você fos__se minha
C7(9)   **Bm7(9)**
Do jeito que a mulher nasceu pra ser
G7 4(9) **G7(9)** **C6 9**
Em vez do seu retrato na parede
F#m7(b5) **B7(b9)** **Em7** **Em/D**
Botava a rede nova no jardim
C#m7(b5) **CM7** **Bm7** **Em7**
Se pelo menos você fos__se minha
  A7 4(9) **Bb°** **Am7(b5)** **D7(9)**
Do jeito que a mulher nasceu pra ser

GM7   **C#m7(b5)**
Seu pé calçando o pé do meu chinelo
C7(9)   **Bm7(9)**
Tão velho e amarelo de es__perar
G7 4(9) **G7(9)** **C#M7(#5)**
Quem sabe você juntasse os amigos com os meus
C6 9 **F#m7(b5)** **B7(b9)**
Seus vestidos com meus ternos
  Em7 **G7 4(9)** **G7(9)**
Nossos sonhos mais eternos
C#m7(b5) **C7(9)** **Bm7(b5)** **E7(b9)**
Se pelo menos você fosse minha
 A7(13) **Eb7(9)** **D7 4(9)** **D7(9)** **AbM7** **Am7** **D7(b9)** **GM7**
Do jeito que você nasceu pra ser

♩ = 50

[Sheet music: 4/4 time, key signature with one sharp]

GM7 — Se pe-lo me-nos vo-cê fos-se mi-nha / *Seu pé cal-çan-do o pé do meu chi-ne-lo*
C#m7(b5) — C7(9) — Do jei-to que a mu-lher nas- / *Tão ve-lho e a-ma-re-lo*
Bm7(9) — -ceu pra ser / *de es- pe- rar*
G7/4(9) *(2ª vez)* — Quem
G7(9) — Em vez do seu re-tra-to
C6/9 — na pa-re-de

©Copyright 1973 by WARNER CHAPPELL EDIÇÕES MUSICAIS LTDA.
Todos os direitos autorais reservados para todos os países. *All rights reserved.*

F♯m7(♭5) B7(♭9) Em7 Em/D C♯m7(♭5) CM7
Bo - ta - va a re - de no - va no jar - dim Se pe - lo me - nos vo - cê
Bm7 Em7 A7/4(9) B♭° Am7(♭5) D7(9)
fos- se mi - nha Do jei - to que a mu - lher nas - ceu pra ser
D.C. e
G7/4(9) G7(9) C♯M7(♯5) C6/9
sa - be vo - cê jun - tas - se os a - mi gos com os meus Seus ves -
F♯m7(♭5) B7(♭9) Em7 G7/4(9) G7(9)
-ti - dos com meus ter - nos Nos - sos so - nhos mais e - ter - nos
C♯m7(♭5) C7(9) Bm7(♭5) E7(♭9) A7(13) E♭7(9) D7/4(9) D7(9)
Se pe - lo me - nos vo - cê fos - se mi - nha Do jei - to que vo - cê nas - ceu pra
A♭M7 Am7 D7(♭9) GM7
ser

Brida

ROBERTO MENESCAL e
J. C. COSTA NETTO

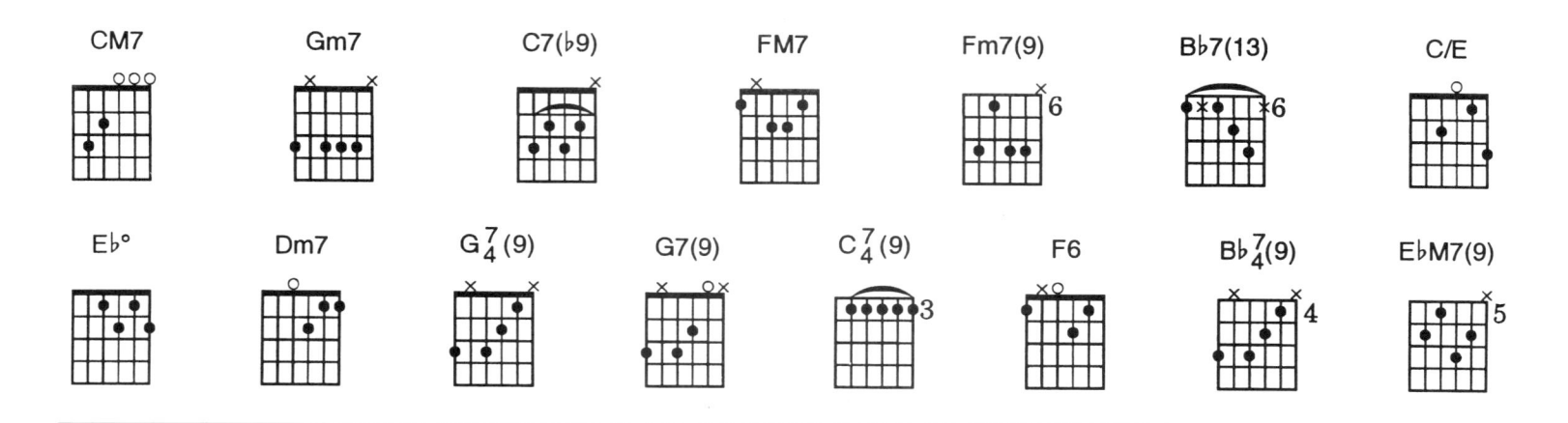

```
   CM7         Gm7        C7(b9)       FM7        Fm7(9)      Bb7(13)      C/E

   Ebº         Dm7        G7/4(9)      G7(9)      C7/4(9)      F6        Bb7/4(9)    EbM7(9)
```

    CM7   Gm7   C7(b9)   FM7
Brida, às vezes não é fácil ver justiça

    Fm7(9)   Bb7(13)   C/E
Nas presas desse animal selvagem

    Ebº   Dm7
Cortante a juventude de um sorriso

    G7 4(9)   G7(9)
Brida, Bri___da

    CM7   Gm7   C7(b9)   FM7
Brida, devora no silêncio confidências

    Fm7(9)   Bb7(13)   C/E
Enquanto vão secando as nossas taças

    Ebº   Dm7
Faz transbordar de brilho o nosso olhar

    G7 4(9)   G7(9)
Brida, Bri___da

    Gm7   C7 4(9)   C7(b9)   FM7 F6
Brida, talvez até choremos de alegria

    Fm7(9)   Bb7 4(9)   EbM7(9)
Ria, a luz de um sentimento nos transpassa

    G7 4(9) CM7   Gm7   C7(b9)   FM7
Escassas vidas, na noite redescobrem a magia

    Fm7(9)   Bb7(13)   C/E
São bençãos de Deus que vão entrando

    Ebº   Dm7
Estilhaçando todas as vidraças

    G7 4(9)   G7(9) CM7
Brida, Bri___da, Brida

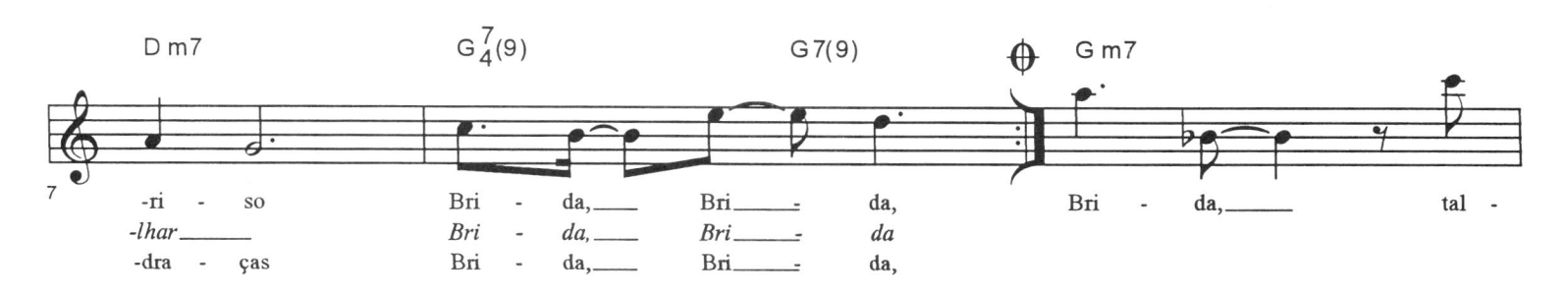

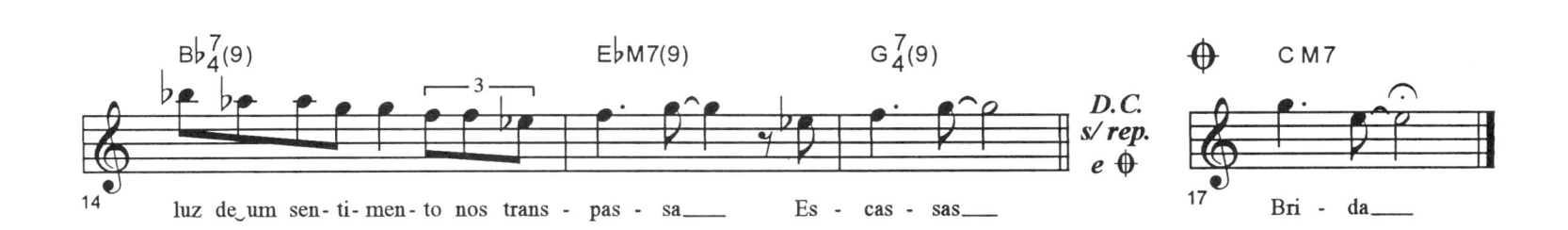

Brida, às vezes não é fácil ver justiça Nas
presas desse animal selvagem Cortante a juventude de um sorriso
Brida, Brida, Brida, talvez até choremos de alegria
Ria, a luz de um sentimento nos transpassa Escassas
Brida

Brida, devora no silêncio confidências Enquanto vão secando as nossas taças Faz transbordar de brilho o nosso olhar Brida, Brida

vidas, na noite redescobrem a magia São bênçãos de Deus que vão entrando Estilhaçando todas as vidraças Brida, Brida,

©Copyright 1995 by WARNER CHAPPELL EDIÇÕES MUSICAIS LTDA.
Todos os direitos autorais reservados para todos os países. *All rights reserved.*

Amanhecendo

ROBERTO MENESCAL e
LULA FREIRE

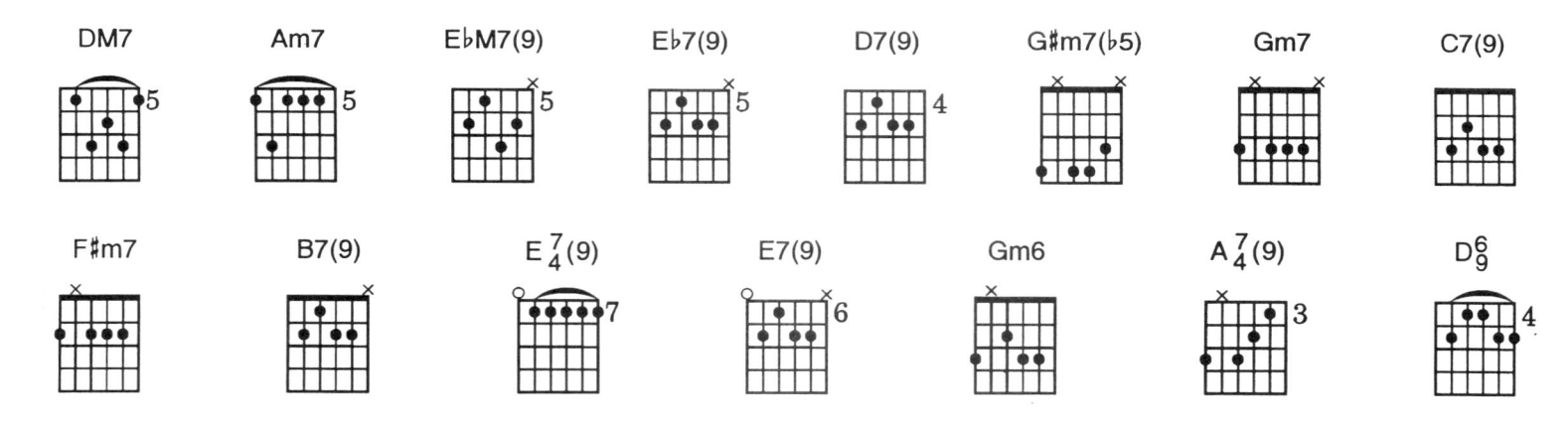

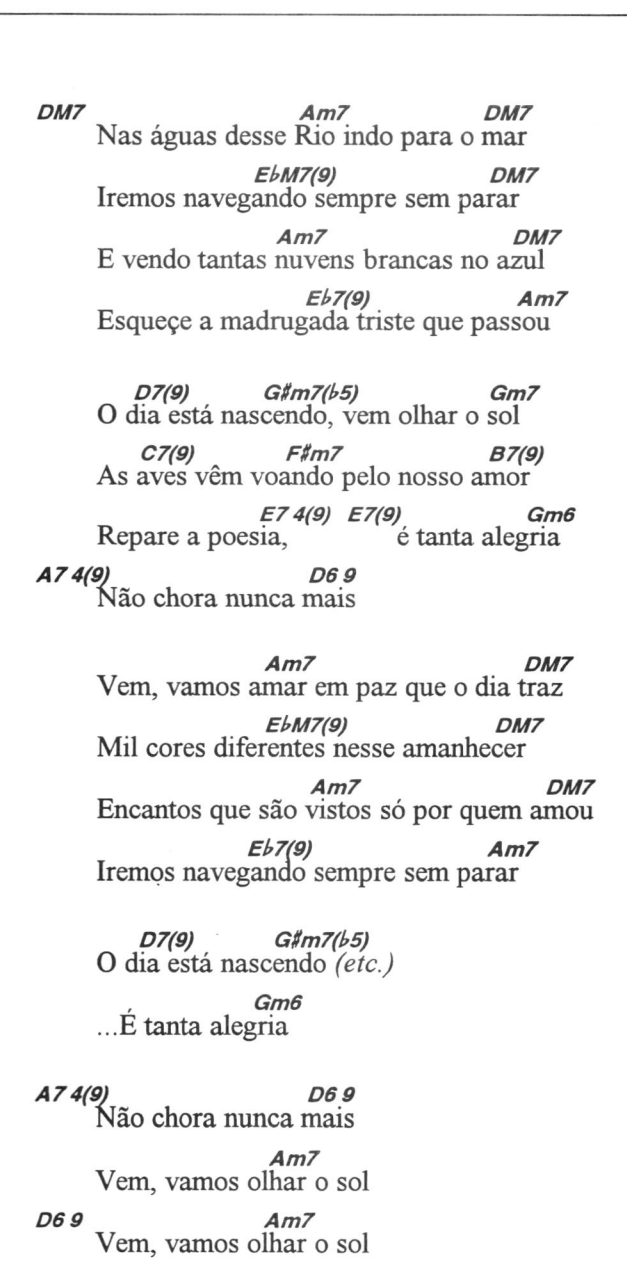

[Chord diagrams: DM7, Am7, EbM7(9), Eb7(9), D7(9), G#m7(b5), Gm7, C7(9), F#m7, B7(9), E7/4(9), E7(9), Gm6, A7/4(9), D6/9]

    DM7   Am7   DM7
Nas águas desse Rio indo para o mar
       EbM7(9)   DM7
Iremos navegando sempre sem parar
      Am7   DM7
E vendo tantas nuvens brancas no azul
     Eb7(9)   Am7
Esqueçe a madrugada triste que passou

   D7(9)   G#m7(b5)   Gm7
O dia está nascendo, vem olhar o sol
   C7(9)   F#m7   B7(9)
As aves vêm voando pelo nosso amor
     E7 4(9) E7(9)   Gm6
Repare a poesia,   é tanta alegria
A7 4(9)   D6 9
Não chora nunca mais

      Am7   DM7
Vem, vamos amar em paz que o dia traz
     EbM7(9)   DM7
Mil cores diferentes nesse amanhecer
      Am7   DM7
Encantos que são vistos só por quem amou
    Eb7(9)   Am7
Iremos navegando sempre sem parar

   D7(9)   G#m7(b5)
O dia está nascendo *(etc.)*
       Gm6
...É tanta alegria

A7 4(9)   D6 9
Não chora nunca mais
    Am7
Vem, vamos olhar o sol
D6 9   Am7
Vem, vamos olhar o sol

♩ = 80

1. Nas á-guas des-se Ri-o in-do pa-ra o mar I-re-mos na-ve-gan-do sem---pre sem pa-rar E ven-do tan-tas -cen-do, vem--- o lhar o sol As a-ves vêm vo-an-do pe---lo nos-so a-mor Re-pa-re a po-e-si-a,--- é tan-ta a-le-gri-a--- Não cho-ra nun-ca mais Vem,--- va-mos a-mais Vem,--- va-mos o-lhar o sol--- Vem,--- va-mos o-lhar o sol---

2. nu-vens bran---cas no a-zul Es-que-ça a ma-dru-ga-da tris---te que pas-ser En-can-tos que são -sou O di-a es-tá nas-cen-do, vem o lhar o sol--- As a-ves vem vo-an-do pe---lo nos-so a-mor Re-pa-re a po-e-si-a,--- é tan-ta a-le-gri-a--- Não cho-ra nun-ca

3. -mar em paz--- que o di-a traz Mil co-res di-fe-ren-tes nes---se a-ma-nhe-ren-do sem---pre sem pa-

©Copyright 1995 by WARNER CHAPPELL EDIÇÕES MUSICAIS LTDA.
©Copyright 1976 by IRMÃOS VITALE S/A Ind. e Com. - São Paulo - Brasil.
Todos os direitos autorais reservados para todos os países. *All rights reserved.*

Revolução

ROBERTO MENESCAL e
PAULO CÉSAR FEITAL

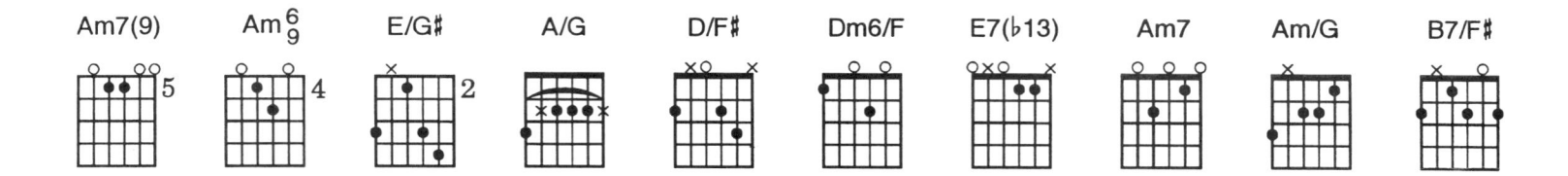

Chord diagrams: Am7(9) • Am6/9 • E/G# • A/G • D/F# • Dm6/F • E7(♭13) • Am7 • Am/G • B7/F#

```
     Am7(9)            Am6 9        E/G#
Rio, trinta e um       de março
A/G                              D/F#
Meu amor a dor vai me consumir
Dm6/F       E7(♭13) Am7            Am/G
Devo admitir        já não sei viver
B7/F#             Dm6/F        E7(♭13)
Longe dos guris    longe de você

     Am7(9)         Am6 9          E/G#
É imen___so o apartamen___to
A/G                              D/F#
E o silêncio, amor, é ensurdecedor
Dm6/F       E7(♭13) Am7            Am/G
Tenta perdoar       a desatenção
B7/F#
Se não perdoar
Dm6/F            E7(♭13) Am7    Am/G Dm6/F E7(♭13)
Meu amor, sei não,     te a___mo

     Am7(9)              Am6 9
Quatro de abril, a dor consumiu
          E/G#
Também minh'alma de mulher
           A/G
Acho até que posso dizer
                  D/F#
Morrer é viver a vida que eu vivi

Morrendo por você
```

```
       Dm6/F              E7(♭13)
Quando eu te vi com a outra nos sinais

        Am7              Am/G
Eu me perdi e me vinguei demais
B7/F#
Nossos guris deixei com os animais
       Dm6/F         E7(♭13)
Te possuí no corpo dos navais

        Am7(9)           Am6 9
Quando voltei eu me nivelei
        E/G#
Àquela dama dos sinais
                 A/G
Fui a ré perante os guris e me condenei
              D/F#
Mas não te perdoei

O amor não tem sursis
       Dm6/F              E7(♭13)
Hoje eu reli tua carta com paixão
      Am7              Am/G
Depois eu ri, que data prum perdão
B7/F#
Mas nosso amor é uma revolução
Dm6/F
Eu e você
       E7(♭13)              Am7  Am/G
Amor, também sei não, te amo
Dm6/F E7(♭13)   Am7(9)
          Te a___mo
```

♩ = 70

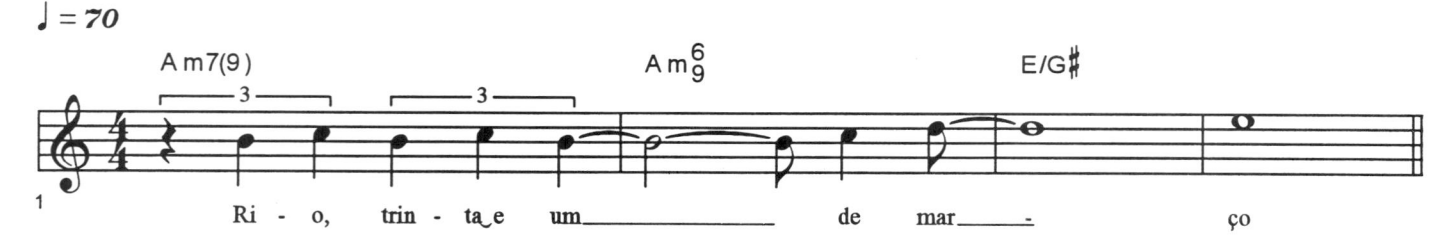

Am7(9) — Am6/9 — E/G#

Ri - o, trin - ta e um_____ de mar_____ço

©Copyright 1997 by ALBATROZ DISCOS LTDA. Adm. NOWA PRODUÇÕES ARTÍSTICAS LTDA.
©Copyright 1993 by EDIÇÕES MUSICAIS TAPAJÓS LTDA.
Todos os direitos autorais reservados para todos os países. *All rights reserved.*

[A/G] Meu amor a dor_____ vai me_____ con-su-mir_____ [D/F#]
E o si-lên-cio, a-mor,_____ é en-sur-____-de-ce-dor_____

[Dm6/F] De-vo a d-mi-tir_____ [E7(b13)] já não sei vi-ver_____ [Am7] [Am/G]
Ten-ta per-do-ar_____ a de-sa-ten-ção_____

[B7/F#] Lon-ge dos gu-ris_____ lon-ge de vo-cê_____ [Dm6/F]
Se não per-do-ar_____ Meu a-mor, sei não,_____

1. [E7(b13)] [Am7(9)] É i-men-so a-par-ta-men-to [Am6/9] [E/G#]

2. [E7(b13)] _____ te a-_____mo [Am7] [Am/G] [Dm6/F] [E7(b13)]

[Am7(9)] Qua-tro de a-bril, a dor con-su-miu [Am6/9] Tam-bém minh' al-ma de mu- [E/G#]
Quan-do vol-tei eu me ni-ve-lei À-que-la da-ma dos si-

-lher A-cho a-té que pos-so di-zer [A/G] Mor-rer é vi-ver a
-nais Fui a ré pe-ran-te os gu-ris e me con-de-nei Mas

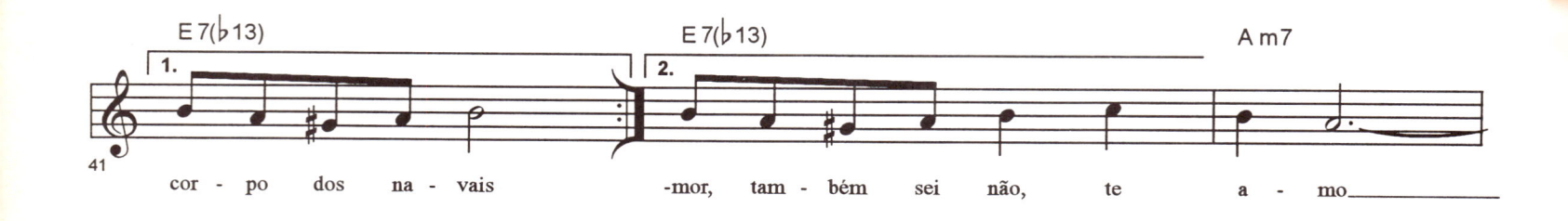

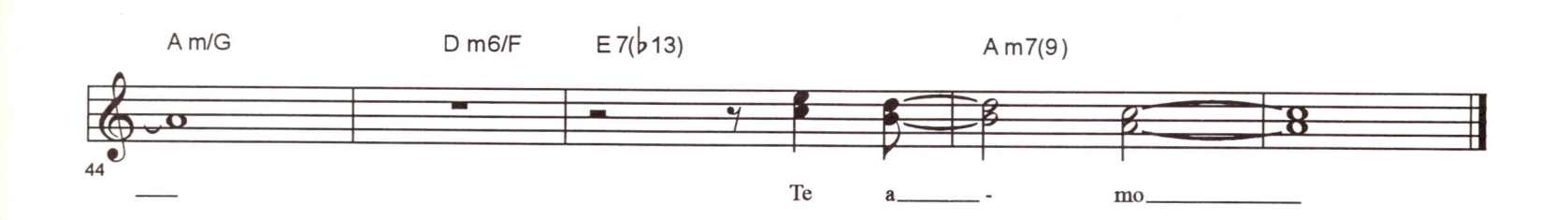

D/F#		Dm6/F	

vi - da que eu vi - vi Mor - ren - do por vo - cê   Quan - do eu te vi com a
não te per - do - ei O a - mor não tem sur - sis   Ho - je eu re - li tua

E7(b13)	Am7	Am/G	

ou - tra nos si - nais Eu me per - di e me vin - guei de - mais
car - ta com pai - xão De - pois eu ri, que da - ta prum per - dão

B7/F#		Dm6/F	

Nos - sos gu - ris dei - xei com os a - ni - mais Te pos - su - í no
Mas nos - so a - mor é u - ma re - vo - lu - ção Eu e vo - cê A-

E7(b13)	E7(b13)		Am7

1. cor - po dos na - vais **2.** -mor, tam - bém sei não, te a - mo____

Am/G	Dm6/F	E7(b13)	Am7(9)

Te a____ - mo_____